OEUVRES

DE

MOLIERE

ILLUSTRATIONS

PAR

MAURICE LELOIR

———

LES AMANS MAGNIFIQUES

I0146773

1890

PARIS

CHEZ ÉMILE TESTARD, ÉDITEUR

18, RUE DE CONDÉ, 18

—

MDCCCXCIV

OEUVRES

DE

J.-B. P. DE MOLIÈRE

LES AMANS MAGNIFIQUES

JUSTIFICATION DU TIRAGE

———

Il a été fait pour les Amateurs un tirage spécial sur papier de luxe à 550 exemplaires, numérotés à la presse.

		NUMÉROS
125 exemplaires sur papier du Japon.		1 à 125
75 — sur papier de Chine.		126 à 200
150 — sur papier Vélin à la cuve.		201 à 350
200 — sur papier Vergé de Hollande.		351 à 550

OEUVRES

DE

MOLIERE

ILLUSTRATIONS

PAR

MAURICE LELOIR

NOTICES

PAR

A. DE MONTAIGLON

LES AMANS MAGNIFIQUES

1890

PARIS

CHEZ ÉMILE TESTARD, ÉDITEUR

18, RUE DE CONDÉ, 18

MDCCCXCIV

NOTICE

DES AMANTS MAGNIFIQUES

C'EST encore au nombre des Pièces de commande écrites pour les plaisirs du Roi qu'il faut mettre les *Amants magnifiques* ; à cause de cela, c'est une des Pièces de Molière qu'on connaît le moins et dont on se souvient peu. On commence par la sauter et l'on n'y revient pas toujours. Si on demande où il s'est moqué des Marquis, des Pédants ou des Médecins, tout le monde répondra. En ferait-on de même si on demandait où il a pris à partie et attaqué la folie de l'Astrologie et les duperies des Astrologues ? Ne fût-ce que pour cela, et il y a encore autre chose, il ne serait que juste d'ignorer un peu moins les *Amants magnifiques*.

Dans l'ensemble de l'œuvre du grand Comique, c'est de la *Princesse d'Elide* qu'on les doit rapprocher. L'allusion savante de la première scène à l'invasion des Gaulois en Grèce et à leur défaite près de Delphes, qui a la prétention de mettre l'action au IIIe siècle avant Jésus-Christ, n'en fait pas plus une Pièce historique qu'une Pièce Grecque, et les nobles auditeurs de Saint-Germain-en-Laye n'ont même pas dû s'en apercevoir, ni en tirer la moindre conclusion. Les costumes d'ailleurs n'en étaient pas plus antiques que les dialogues. C'était comme dans tous les Ballets ; la fantaisie du Couturier y avait prodigué les tonnelets, les retroussis, des galons sur toutes les coutures, les cravates de dentelles et, sur les coiffures et les casques, des profusions frisées de panaches de plumes. De même qu'une année plus tard dans *Psyché*, c'était d'une Antiquité fort propre et tout à fait galante.

Rien de plus juste que le titre de *Divertissement Royal*, et le jeune Roi, il avait alors trente-deux ans, y a dû prendre d'autant plus de plaisir qu'il en avait donné lui-même le sujet. N'avait-il pas été déjà le collaborateur de Molière en lui faisant ajouter aux *Fâcheux* le type du Chasseur passionné? Ici c'est le sujet tout entier. L'Avant-propos est là-dessus si formel qu'il est impossible de ne pas le répéter :

Le Roy, qui ne veut que des choses extraordinaires dans tout ce qu'il entreprend, s'est proposé de donner à sa Cour un Divertissement qui fût composé de tout ce que le Théâtre peut fournir, et, pour embrasser cette vaste idée et enchaîner ensemble tant de choses diverses, Sa Majesté a choisi pour sujet deux Princes rivaux, qui, dans le champêtre séjour de la Vallée de Tempé où l'on doit célébrer la Fête des Jeux Pythiens, régalent à l'envi une jeune Princesse et sa mère de toutes les galanteries dont ils se peuvent aviser.

On ne voit pas habituellement Louis XIV si mythologique. Il ne l'était pourtant pas qu'au Théâtre, mais aussi dans ses Palais. Qu'on se souvienne des peintures de Philippe de Champagne et de Le Brun aux Tuileries, au Louvre et à Versailles.

Quand Molière dut mettre sur pied la *Princesse d'Elide* pour la Fête de 1664, il la commença en vers, et dut la finir en prose. Un de ses rêves, ou plutôt un de ses regrets, a toujours été, sinon d'écrire des Tragédies pour s'approcher de Corneille, mais au moins des Tragi-comédies. *Don Garcie* ne lui avait pas réussi; il recommença avec la *Princesse d'Elide;* il aurait voulu en faire de même avec les *Amants magnifiques*, et ils n'en vaudraient que mieux; malgré sa merveilleuse facilité, il eut trop peu de temps et se résigna à l'improviser en prose. Ils eurent leur succès de Cour, grâce aux Ballets, mais Molière ne les fit pas jouer à la Ville, ce qui se comprend. Il n'y avait pas à sa disposition les danseurs et les chanteurs qui tiennent au sujet même et dont la présence est indispensable ; aussi ne furent-ils pas imprimés par lui et ne parurent-ils pour la première fois que dans le second volume des Œuvres posthumes de l'édition de 1682. Ce qui fut imprimé aussitôt, et d'avance, pour être distribué aux spectateurs, ce fut le livret, avec, au milieu de l'analyse rapide du sujet, le détail des danses et les paroles des Intermèdes et des Entrées ; la musique, qui était de Lully, parut chez Ballard, la même année c'est-à-dire, en 1670. Au Château de Saint-Germain, la Pièce ne fut jouée que les 4, 13 et 17 février, et, en mars, que le 4 et le 8, soit en tout cinq représentations. Après sa mort, elle fut, en 1688, jouée neuf fois sur son Théâtre et reprise en 1704 avec un Prologue et des Intermèdes nouveaux. Ce ne fut, probablement les deux fois, que pour boucher un trou.

Une question curieuse, d'une actualité depuis longtemps disparue, est celle de savoir si Louis XIV y a dansé. Le livret imprimé serait là-dessus très affirmatif ; on y voit, à deux reprises : *Pour le Roy faisant Apollon ; Pour le Roy faisant Neptune*, et l'Extraordinaire de la *Gazette* du 11 février 1670 le dit aussi. Il devait donc y danser ; ses costumes devaient être faits, et probablement avait-il répété. Mais Robinet, après avoir dit, d'après l'imprimé, que le Roi y figurait, ajoute, en se corrigeant :

.... *Que notre Auguste Sire*
Fait danser et n'y danse point.

C'est que le *Britannicus* de Racine avait été représenté, le 13 décembre 1669 à l'Hôtel de Bourgogne, qui jouait à la Cour comme la Troupe de Molière, et l'on se souvient des fameux vers de la fin du quatrième acte.

Néron, s'ils en sont crus, n'est pas né pour l'Empire...
Pour toute ambition, pour vertu singulière
Il excelle à conduire un char dans la carrière,
A disputer des Prix indignes de ses mains,
A se donner luy-mesme en spectacle aux Romains,
A venir prodiguer sa voix sur un théâtre,
A réciter des chants qu'il veut qu'on idolâtre.
Tandis que des Soldats, de moments en moments,
Vont arracher pour lui les applaudissements.

Evidemment Racine ne croyait pas faire au Roi une leçon qu'il ne se serait pas permise ; celui-ci se l'appliqua de lui-même. Dans une lettre à Montchesnay de 1707, Boileau, à même plus qu'un autre de le bien savoir, leur attribue, à juste titre, l'honneur d'avoir fait comprendre au

Roi qu'il convenait à sa dignité de s'abstenir de figurer ainsi en public à côté et au milieu de Danseurs de profession :

Un grand Prince qui avait dansé à plusieurs Ballets, ayant vu le *Britannicus* de Racine, où la fureur de Néron à monter sur le Théâtre est si bien attaquée, il ne dansa plus à aucun Ballet, non pas même au temps du Carnaval.

Comme incidence, il n'est pas sans intérêt de rapprocher la danse de Louis XIV de celle du jeune Louis XV, son arrière-petit-fils, telle qu'on la trouve mentionnée dans les nouvelles et les journaux des correspondants de la Marquise de Balleroy :

9 février 1718. Le Roi a dansé dans la dernière perfection.

21 décembre 1720. Le Roi montera sur le théâtre à deux heures pour la répétition générale du Ballet de la *Folie de Cardenio* — (et non *Lardinio,* mais l'édition est pleine de fautes de ce genre)... — Le Roi danse si noblement et d'une grâce qui doit faire pleurer tout le monde de joie...

1er janvier 1721. Le Ballet du Roi fut joué lundi dernier. Le spectacle est magnifique. M. le Régent y étoit, et toutes les Princesses, avec trois mille personnes. Le Roi dansa quatre fois dans le premier acte de la Comédie et quatre au Ballet général. Il y en aura, samedi, un autre avec une autre Comédie... La première représentation du Ballet du Roi a commencé le 31 du mois passé. On a enlevé chez les Émailleurs de Paris tous les tubes de verre pour en faire les rayons du Soleil qui y paroît dans le Prologue du *Chaos.*

14 janvier 1722. Le Ballet des Éléments fut joué le 12 pour la troisième et dernière fois. Le Roi n'y dansa pas et ne dansera plus sur le Théâtre.

En 1670 Louis XIV avait trente-deux ans; en 1722 Louis XV n'en avait que douze ; il faut faire honneur à ses précepteurs de l'avoir fait cesser de se donner en spectacle comme un acteur de profession.

Il faut aussi dire un mot d'une soi-disant très grosse allusion qu'on a voulu voir dans les *Amants magnifiques* et sur laquelle on a, plus d'une fois, trop insisté. La Princesse Eriphile, repoussant ses deux prétendants qu'elle n'aime pas, en aime un autre, qui ne lui dit pas l'aimer et à qui elle n'avoue pas davantage son amour. Donc c'est la Grande Mademoiselle et Lauzun. L'amour, un peu tardif, de la fille de Gaston pour ce grand vainqueur, que Molière aurait d'ailleurs singulièrement flatté et embelli, n'était pas un secret depuis 1669. Louis XIV, qui a un moment consenti au mariage, y coupe court, à la fin de 1670, et, ce beau feu durant encore, fit mettre en 1671 l'impertinent Lauzun à Pignerol. Est-il possible ou même vraisemblable que Molière eût ainsi mis le doigt entre l'arbre et l'écorce, et se fût permis, devant Louis XIV, son maître et son patron, de plaider, même indirectement, pour une liaison et pour un mariage qui étaient plus que désagréables à l'orgueil du Roi ? Il aurait vraiment trop oublié ce qu'il a, si justement, mis dans la bouche de Sosie :

> *Sur telles affaires toujours*
> *Le meilleur est de ne rien dire.*

En réalité, il n'est, dans les *Amants magnifiques*, pas plus question de Mademoiselle et de Lauzun, qui ne valait pas Sostrate, que de Mme de Montespan dans *Amphitryon*. Mademoiselle, qui a naturellement beaucoup parlé de Lauzun dans ses *Mémoires*, en serait d'ailleurs le garant. Elle n'y dit pas un mot de Molière ; mais, par contre, elle a sur ce point rappelé les vers sur la sympathie du grand Corneille dans la *Suite du Menteur*. Ce sont ceux auxquels elle fait allusion et qu'elle allègue pour expliquer et justifier ses propres sentiments. Ni Louis XIV, ni elle n'ont rien vu qui lui fût personnel dans les *Amants magnifiques*, et il nous appartient encore moins d'y supposer ce qui n'y est pas. Si *Don Sanche* n'était pas très antérieur, on y verrait de bien autres allusions ; comme *Don Sanche* est de 1650, Corneille l'a échappé belle.

Louis XIV n'avait donné à Molière que le thème, fort simple, de deux Princes rivalisant de galanteries et de « cadeaux », comme on disait. Molière l'a corsé en ajoutant Sostrate, qui joue là, le plus loyalement et le plus délicatement du monde, le rôle du troisième larron. Dans *Don Sanche*, Isabelle est en face de trois prétendants, et c'est Don Carlos, qu'elle aime en secret et dont elle est aimée de même, qui doit choisir pour elle et qu'on veut investir du rôle d'arbitre. Il est difficile de se ressembler davantage. Imitation formelle ou réminiscence involontaire, les *Amants magnifiques* font plus que devoir quelque chose à *Don Sanche* ; ils ne doivent rien à Mademoiselle ni à Lauzun.

Enfin une partie de la Pièce, qui fait corps avec l'action, doit être particulièrement signalée, celle où Molière prend à partie l'Astrologie. La croyance de tout le Moyen-Age à la Magie et à la Sorcellerie a été complète. Charles V avait un Astrologue Italien qui fut le père de Christine de Pisan, et l'on sait le rôle de Ruggieri auprès de Catherine de Médicis.

Au seizième siècle et dans la première moitié du dix-septième, les *Pronostications* abondent et les *Almanachs* en sont farcis. Richelieu, Mazarin, la Reine Christine de Suède croyaient à l'Astrologie ; sur Morin, Professeur de mathématiques au Collège de France, un des grands Prédiseurs sous Louis XIII et sous son successeur, on peut voir l'amusant article du *Dictionnaire* de Bayle et les irrévérencieuses Lettres de Guy Patin, qui ne tarit pas sur ces fourbes et sur leurs dupes — *vulgus vult decipi*, comme il se plaisait à le répéter — et les écrivains du grand siècle connaissent bien l'inanité de ces rêveries ; ainsi La Fontaine dans ses *Fables*, La Bruyère dans ses *Caractères*, Fénelon dans ses *Dialogues des morts*, écrits pour le fils du Roi, mais l'attaque de Molière est plus rude et va plus à fond. C'était à la fois honnête et brave ; au moment où venait au monde l'enfant qui devait être Louis XIV, n'avait-on pas mis officiellement, dans une chambre contiguë à celle où Anne d'Autriche accouchait, un Astrologue chargé de tirer l'horoscope du nouveau-né ? Tout le monde, y compris l'Astrologue, aurait été bien attrapé si ce n'eût été qu'une Fille. Même aujourd'hui, *La clef des songes* fait encore partie des livres populaires, et, parmi ceux qui, en 1670, ont entendu *les Amants magnifiques*, la plupart croyaient plus ou moins à l'Astrologie. C'était donc de l'actualité au premier chef, et la chose ne manquait pas d'une franchise, même d'une hardiesse dont il faut tenir grand compte au Comédien.

On peut aussi remarquer le bonheur avec lequel sont exprimés les caractères de presque tous les personnages. Si les deux Princes sont insignifiants et si l'Astrologue Anaxarque est en même temps aussi naïf que cynique d'exposer si crûment sa coquinerie à son fils, l'amour de Sostrate est celui d'un bien galant homme et celui d'Eriphile a bien de la jeunesse et de la grâce ; mais le caractère le plus heureux est celui d'Aristione. Si elle a le tort de croire à l'astrologie et aux apparitions, ce qui est nécessité par l'action, elle est bien tendrement et bien délicatement maternelle. C'est une des plus charmantes parmi les honnêtes femmes de Molière, qui en a beaucoup, ce qu'on ne remarque pas assez, entraîné qu'on est par la force de la Comédie qu'elles traversent. Presque toujours Molière, à qui elles ont porté bonheur, les peint en beau, et n'aime pas à en dire de mal, tandis qu'il réserve aux hommes la raillerie de leurs ridicules et de leurs sottises. Il épargne les unes, et s'en donne à cœur joie de dauber sur le sexe fort.

Une chose évidente c'est que Clitidas, d'ailleurs plus spirituel et plus fin, est le même personnage que le Moron de la *Princesse d'Elide* ; il est tout aussi poltron et n'aime pas davantage les sangliers. Dans l'Inventaire après décès de Molière, qui a naturellement joué les deux rôles, il n'y a pas de costume avec le nom de Moron ; mais l'article relatif aux *Amants magnifiques* se pourrait aussi bien attribuer aux deux, et peut-être Molière, qui gardait soigneusement ses habits de théâtre, s'est-il, avec quelques modifications, servi pour le second du costume du premier :

> Un habit de Clitidas, consistant en un tonnelet, chemisette, un jupon, un caleçon et cuissards, ledit tonnelet de moire verte, garni de deux dentelles or et argent ; la chemisette de velours à fond d'or ; les souliers, jarretières, bas, festons, fraise et manchettes, le tout garni d'argent fin. Prisé soixante livres.

C'était, comme on le voit, un Bouffon fort bien mis. Depuis longtemps le Théâtre s'est départi du luxe des costumes de l'origine ; il les a ramenés à la convenance des rôles comme à la qualité et au rang des personnages. Au point de vue de la comédie, la vraisemblance y gagne et l'effet est beaucoup plus juste ; mais, à la Cour du grand Roi et auprès du luxe des costumes des Ballets, il fallait se tenir à côté et ne pas s'effacer. C'est la raison de ce qui paraîtrait aujourd'hui une exagération inutile.

Je ne dirai pas signalons, mais rappelons qu'il ne faut pas oublier d'aller chercher dans le troisième Intermède la charmante traduction du *Donec gratus eram* d'Horace, bien supérieure à celle de Jean-Jacques Rousseau dans le *Devin de village*. On en trouverait d'heureuses dans les innombrables traductions en vers des Odes du poète de Vénuse ; on se souvient plus facilement, et à juste titre, des deux imitations, d'un tour si léger, d'Alfred de Musset, qui l'a assez aimée pour s'y reprendre à deux fois, à la façon des Variations des musiciens. Molière avait pour elle une admiration toute particulière. C'est d'elle qu'il a tiré une scène et même tout le sujet de son *Dépit amoureux*, dont il se souvenait si bien que, dans les *Amants magnifiques*, il a mis le même titre en tête de sa traduction. Ce n'est pas au reste la seule fois qu'il s'en soit inspiré ; il y a dans ses Comédies plus d'un dépit amoureux. Après celui de Lucile et d'Eraste, n'y a-t-il pas, dans le *Tartuffe*, celui de Valère et de Marianne, et, plus tard, dans le *Bourgeois gentilhomme*, celui de Cléonte et de Lucile ?

Ceux qui ont lu les *Amants magnifiques* les relisent de temps en temps ; ceux qui ne les connaissent pas et les sautent négligemment peuvent sans crainte se hasarder à les lire. Ils y trouveront et s'y plairont plus qu'ils ne pensent. Ce n'est pas un des chefs-d'œuvre ; il y a assez d'élégance et de charme pour ne pas leur faire regretter l'heure qu'ils y auront passée et plus d'un y reviendra.

ANATOLE DE MONTAIGLON.

LES
AMANS
MAGNIFIQUES
COMEDIE

Maurice Leloir inv.　　　Émile Testard Éditeur.　　　Géry-Bichard sc.

LES AMANS MAGNIFIQUES

Imp. A. Salmon et Ardail, Paris.

LES
AMANS
MAGNIFIQUES

COMEDIE
MESLEE DE MUSIQUE
ET D'ENTREES DE BALET
PAR

J.B.P. DE MOLIERE

REPRESENTEE POUR LE ROY
A SAINT GERMAIN-EN-LAYE, AU MOIS DE FEVRIER 1670.
SOUS LE TITRE DE DIVERTISSEMENT DU ROY.

AVANT-PROPOS

Le Roy, qui ne veut que des choses extraordinaires dans tout ce qu'il entreprend, s'est proposé de donner à sa Cour un Divertissement qui fût composé de tous ceux que le Théâtre peut fournir ; et, pour embrasser cette vaste idée, et enchaîner ensemble tant de choses diverses, Sa Majesté a choisi pour sujet deux Princes Rivaux, qui, dans le champestre séjour de la Vallée de Tempé où l'on doit célébrer la Feste des Jeux Pythiens, régalent à l'envy une jeune Princesse, et sa Mère, de toutes les galanteries dont ils se peuvent aviser.

ARISTIONE, Princesse, Mère d'Eriphile.

ERIPHILE, Fille de la Princesse.

CLEONICE, Confidente d'Eriphile.

CHORÈBE, de la Suite de la Princesse.

IPHICRATE, }
TIMOCLÈS, } Amans magnifiques.

SOSTRATE, Général d'Armée, Amant d'Eriphile.

CLITIDAS, Plaisant de Cour, de la Suite d'Eriphile.

ANAXARQUE, Astrologue.

CLÉON, Fils d'Anaxarque.

Une fausse Vénus, d'intelligence avec Anaxarque.

La Scène est en Thessalie, dans la délicieuse vallée de Tempé.

PREMIER INTERMÈDE

Le Théâtre s'ouvre à l'agréable bruit de quantité d'Instrumens, et d'abord il offre aux yeux une vaste Mer, bordée de chaque costé de quatre grands Rochers, dont le sommet porte chacun un Fleuve, accoudé sur les marques de ces sortes de Déïtez. Au pied de ces Rochers sont douze Tritons de chaque costé, et, dans le milieu de la Mer, quatre Amours montez sur des Dauphins, et derrière eux le Dieu Æole, élevé au dessus des ondes sur un petit nuage. Æole commande aux Vents de se retirer, et, tandis que quatre Amours, douze Tritons et huit Fleuves luy répondent, la Mer se calme, et du milieu des ondes on voit s'élever une Isle. Huit Pescheurs sortent du fond de la Mer avec des nacres de Perles et des branches de Corail, et, après une Dance agréable, vont se placer chacun sur un Rocher au dessous d'un Fleuve. Le Chœur de la Musique annonce la venuë de Neptune, et, tandis que ce Dieu dance avec sa Suite, les Pêcheurs, les Tritons et les Fleuves accompagnent ses pas de gestes différents, et de bruit de conques de Perles. Tout ce Spectacle est une magnifique Galanterie, dont l'un des Princes régale sur la Mer la promenade des Princesses.

PREMIÈRE ENTRÉE DE BALLET

NEPTUNE

Et six Dieux Marins.

———

DEUXIÈME ENTRÉE DE BALLET

Huit Pescheurs de Corail.

———

VERS CHANTEZ

Recit d'Æole

Vents, qui troublez les plus beaux jours,
Rentrez dans vos grottes profondes;
Et laissez régner sur les ondes
Les Zéphirs et les Amours.

Un TRITON

Quels beaux yeux ont percé nos demeures humides?
Venez, venez, Tritons; cachez-vous, Néréides.

Tous les TRITONS

Allons tous au devant de ces Divinitez,
Et rendons par nos chants hommage à leurs beautez.

Un AMOUR

Ah que ces Princesses sont belles!

Un autre AMOUR

Quels sont les cœurs qui ne s'y rendroient pas !

Un autre AMOUR

La plus belle des Immortelles,
Nostre Mère, a bien moins d'appas.

CHŒUR

Allons tous au devant de ces Divinitez,
Et rendons par nos chants hommage à leurs beautez.

Un TRITON

Quel noble spectacle s'avance !
Neptune, le grand Dieu, Neptune avec sa Cour
Vient honorer ce beau jour
De son Auguste présence.

CHŒUR

Redoublons nos Concerts,
Et faisons retentir dans le vague des Airs
Nostre réjouïssance.

——

Pour le ROY
représentant NEPTUNE

Le Ciel entre les Dieux les plus considérez
Me donne pour partage un rang considérable,
Et, me faisant régner sur les flots azurez,
Rend à tout l'Univers mon pouvoir redoutable.

Il n'est aucune Terre, à me bien regarder,
Qui ne doive trembler que je ne m'y répande;
Point d'Etats qu'à l'instant je ne pusse inonder
Des flots impétueux que mon pouvoir commande.

Rien n'en peut arrester le fier débordement,
Et d'une triple digue à leur force opposée
On les verroit forcer le ferme empeschement,
Et se faire en tous lieux une ouverture aisée.

Mais je sçay retenir la fureur de ces flots
Par la sage équité du pouvoir que j'exerce,
Et laisser en tous lieux au gré des Matelots
La douce liberté d'un paisible commerce.

On trouve des Ecueils par fois dans mes Etats;
On void quelques Vaisseaux y périr par l'orage;
Mais contre ma puissance on n'en murmure pas,
Et chez moy la Vertu ne fait jamais naufrage.

Pour Monsieur LE GRAND
REPRÉSENTANT UN DIEU MARIN

L'Empire où nous vivons est fertile en trésors;
Tous les Mortels en foule accourent sur ses bords,
Et, pour faire bien-tost une haute fortune,
Il ne faut rien qu'avoir la faveur de Neptune.

POUR LE MARQUIS DE VILLEROY
REPRÉSENTANT UN DIEU MARIN

Sur la foy de ce Dieu de l'Empire flottant
On peut bien s'embarquer avec toute assurance ;
Les flots ont de l'inconstance ;
Mais le Neptune *est constant.*

POUR LE MARQUIS DE RASSENT
REPRÉSENTANT UN DIEU MARIN

Voguez sur cette Mer d'un zèle inébranlable ;
C'est le moyen d'avoir Neptune *favorable.*

LES AMANS
MAGNIFIQUES
COMEDIE

CLITIDAS
Paix, impertinent que vous estes

ACTE PREMIER

SCÈNE PREMIÈRE

SOSTRATE, CLITIDAS

CLITIDAS

L est attaché à ses pensées.

SOSTRATE

Non, Sostrate, je ne voy rien où tu puisses avoir recours, et tes maux sont d'une nature à ne te laisser nulle espérance d'en sortir.

CLITIDAS

— Il raisonne tout seul.

XXV.

2

SOSTRATE

Hélas !

CLITIDAS

— Voilà des soûpirs qui veulent dire quelque chose, et ma conjecture se trouvera véritable.

SOSTRATE

Sur quelles chimères, dy-moy, pourrois-tu bâtir quelque espoir, et que peux-tu envisager que l'affreuse longueur d'une vie mal-heureuse, et des ennuis à ne finir que par la mort ?

CLITIDAS

— Cette teste-là est plus embarrassée que la mienne.

SOSTRATE

Ah ! mon Cœur, ah ! mon Cœur, où m'avez-vous jetté ?

CLITIDAS

Serviteur, Seigneur Sostrate.

SOSTRATE

Où vas-tu, Clitidas ?

CLITIDAS

Mais vous plûtost, que faites-vous icy, et quelle secrète mélancholie, quelle humeur sombre, s'il vous plaist, vous peut retenir dans ces Bois, tandis que tout le monde a couru en foule à la magnificence de la

Feste, dont l'amour du Prince Iphicrate vient de régaler sur la Mer la promenade des Princesses, tandis
qu'elles y ont reçeu des Cadeaux merveilleux de
Musique et de Dance, et qu'on a vû les Rochers et
les Ondes se parer de Divinitez pour faire honneur
à leurs attraits ?

SOSTRATE

Je me figure assez, sans la voir, cette magnificence,
et tant de gens d'ordinaire s'empressent à porter de
la confusion dans ces sortes de Festes que j'ay crû
à propos de ne pas augmenter le nombre des impor-
tuns.

CLITIDAS

Vous sçavez que vostre présence ne gaste jamais
rien, et que vous n'estes point de trop en quelque
lieu que vous soyez. Vostre visage est bien venu partout, et il n'a garde d'estre de ces visages disgraciez,
qui ne sont jamais bien reçeus des regards Souverains.
Vous estes également bien auprès des deux Princesses ; et la Mère et la Fille vous font assez connoistre l'estime qu'elles font de vous, pour n'appré-
hender pas de fatiguer leurs yeux, et ce n'est pas cette
crainte, enfin, qui vous a retenu.

SOSTRATE

J'avoüe que je n'ay pas naturellement grande curiosité pour ces sortes de choses.

CLITIDAS

Mon Dieu! quand on n'auroit nulle curiosité pour les choses, on en a toûjours pour aller où l'on trouve tout le monde, et, quoy que vous puissiez dire, on ne demeure point tout seul pendant une Feste à resver parmi des arbres comme vous faites, à moins d'avoir en teste quelque chose qui embarrasse.

SOSTRATE

Que voudrois-tu que j'y pusse avoir?

CLITIDAS

Oüais, je ne sçay d'où cela vient, mais il sent icy l'amour. Ce n'est pas moy. Ah! par ma foy, c'est vous.

SOSTRATE

Que tu es fou, Clitidas!

CLITIDAS

Je ne suis point fou; vous estes amoureux; j'ay le nez délicat, et j'ay senty cela d'abord.

SOSTRATE

Sur quoy prens-tu cette pensée?

CLITIDAS

Sur quoy? Vous seriez bien étonné si je vous disois encore de qui vous estes amoureux.

SOSTRATE

Moy ?

CLITIDAS

Oüy, je gage que je vais deviner tout-à-l'heure celle
que vous aymez. J'ay mes secrets aussi bien que
nostre Astrologue, dont la Princesse Aristione est
entestée, et, s'il a la science de lire dans les Astres
la fortune des hommes, j'ay celle de lire dans les
yeux le nom des personnes qu'on aime. Tenez-vous
un peu, et ouvrez les yeux. *E*, par soy, *E; r, i, ri; éri;
p, h, i, phi; ériphi; l, e, le; Eriphile.* Vous estes amoureux
de la Princesse Eriphile.

SOSTRATE

Ah! Clitidas, j'avouë que je ne puis cacher mon
trouble, et tu me frappes d'un coup de foudre.

CLITIDAS

Vous voyez si je suis sçavant ?

SOSTRATE

Hélas! si par quelque avanture tu as pû découvrir
le secret de mon cœur, je te conjure au moins de ne
le révéler à qui que ce soit, et sur tout de le tenir
caché à la belle Princesse, dont tu viens de dire le
nom.

CLITIDAS

Et, sérieusement parlant, si dans vos actions j'ay

bien pû connoistre depuis un temps la passion que
vous voulez tenir secrète, pensez-vous que la Princesse Eriphile puisse avoir manqué de lumière pour
s'en appercevoir? Les Belles, croyez-moy, sont toûjours les plus clair-voyantes à découvrir les ardeurs
qu'elles causent, et le langage des yeux et des soûpirs
se fait entendre mieux qu'à tout autre à celle à qui
il s'adresse.

SOSTRATE

Laissons-la, Clitidas, laissons-la voir, si elle peut,
dans mes soûpirs et mes regards l'amour que ses
charmes m'inspirent, mais gardons bien que par nulle
autre voye elle en apprenne jamais rien.

CLITIDAS

Et qu'appréhendez-vous? Est-il possible que ce
même Sostrate, qui n'a pas craint ny Brennus, ny tous
les Gaulois, et dont le bras a si glorieusement contribué
à nous défaire de ce déluge de Barbares qui ravageoit
la Grèce; est-il possible, dis-je, qu'un homme si assuré
dans la guerre soit si timide en amour, et que je le
voye trembler à dire seulement qu'il ayme?

SOSTRATE

Ah! Clitidas, je tremble avec raison, et tous les
Gaulois du Monde ensemble sont bien moins redoutables que deux beaux yeux pleins de charmes.

CLITIDAS

Je ne suis pas de cet avis, et je sçay bien pour moy
qu'un seul Gaulois, l'épée à la main, me feroit beaucoup plus trembler que cinquante beaux yeux ensemble
les plus charmans du Monde. Mais, dites-moy un peu,
qu'espérez-vous faire ?

SOSTRATE

Mourir sans déclarer ma passion.

CLITIDAS

L'espérance est belle. Allez, allez, vous vous moc-
quez. Un peu de hardiesse réüssit toûjours aux Amans ;
il n'y a en amour que les honteux qui perdent, et
je dirois ma passion à une Déesse, moy, si j'en deve-
nois amoureux.

SOSTRATE

Trop de choses, hélas ! condamnent mes feux à un
éternel silence.

CLITIDAS

Hé, quoy ?

SOSTRATE

La bassesse de ma fortune, dont il plaist au Ciel de
rabattre l'ambition de mon amour ; le rang de la Princesse, qui met entre elle et mes desirs une distance
si fâcheuse ; la concurrence de deux Princes, appuyez
de tous les grands Titres qui peuvent soûtenir les prétentions de leurs flâmes ; de deux Princes, qui, par

mille et mille magnificences, se disputent à tous momens la gloire de sa conqueste, et sur l'amour de qui on attend tous les jours de voir son choix se déclarer ; mais plus que tout, Clitidas, le respect inviolable où ses beaux yeux assujettissent toute la violence de mon ardeur.

CLITIDAS

Le respect bien souvent n'oblige pas tant que l'amour, et je me trompe fort, ou la jeune Princesse a connu vostre flâme, et n'y est pas insensible.

SOSTRATE

Ah ! ne t'avise point de vouloir flatter par pitié le cœur d'un misérable.

CLITIDAS

Ma conjecture est bien fondée ; je luy voy reculer beaucoup le choix de son Epoux, et je veux éclaircir un peu cette petite affaire-là. Vous sçavez que je suis auprès d'elle en quelque espèce de faveur, que j'y ay les accès ouverts, et qu'à force de me tourmenter, je me suis acquis le privilège de me mesler à la conversation, et parler, à tort et à travers, de toutes choses. Quelquefois cela ne me réüssit pas, mais quelquefois aussi cela me réüssit. Laissez-moy faire ; je suis de vos amis, les gens de mérite me touchent, et je veux prendre mon temps pour entretenir la Princesse de...

SOSTRATE

Ah! de grâce, quelque bonté que mon mal-heur
t'inspire, garde-toy bien de luy rien dire de ma flâme.
J'aymerois mieux mourir que de pouvoir estre accusé
par elle de la moindre témérité, et ce profond respect
où ses charmes divins...

CLITIDAS

Taisons-nous ; voicy tout le monde.

SCÈNE II

ARISTIONE, IPHICRATE, TIMOCLES, ANAXARQUE
CLEON

ARISTIONE

Prince, je ne puis me lasser de le dire. Il n'est point
de spectacle au Monde qui puisse le disputer en
magnificence à celuy que vous venez de nous donner.
Cette Feste a eu des ornemens qui l'emportent sans
doute sur tout ce que l'on sçauroit voir, et elle vient
de produire à nos yeux quelque chose de si noble, de
si grand, et de si majestueux, que le Ciel mesme ne
sçauroit aller au de-là, et je puis dire assurément qu'il
n'y a rien dans l'Univers qui s'y puisse égaler.

TIMOCLES

Ce sont des ornemens dont on ne peut pas espérer

XXX.   3

que toutes les Festes soient embellies, et je dois fort
trembler, Madame, pour la simplicité du petit Divertissement que je m'appreste à vous donner dans le
Bois de Diane.

ARISTIONE

Je croy que nous n'y verrons rien que de fort
agréable, et certes il faut avoüer que la campagne a
lieu de nous paroistre belle, et que nous n'avons pas
le temps de nous ennuyer dans cet agréable séjour
qu'ont célébré tous les Poëtes sous le nom de Tempé.
Car enfin, sans parler des plaisirs de la Chasse que
nous y prenons à toute heure, et de la solemnité des
Jeux Pythiens que l'on y célèbre tantost, vous prenez
soin, l'un et l'autre, de nous y combler de tous les
divertissemens qui peuvent charmer les chagrins des
plus mélancholiques. — D'où vient, Sostrate, qu'on
ne vous a point veu dans nostre promenade ?

SOSTRATE

Une petite indisposition, Madame, m'a empesché de
m'y trouver.

IPHICRATE

Sostrate est de ces gens, Madame, qui croyent qu'il
ne sied pas bien d'estre curieux comme les autres, et
il est beau d'affecter de ne pas courir où tout le
monde court.

SOSTRATE

Seigneur, l'affectation n'a guères de part à tout ce
que je fais, et, sans vous faire compliment, il y avoit
des choses à voir dans cette Feste qui ·pouvoient
m'attirer, si quelque autre motif ne m'avoit retenu.

ARISTIONE

Et Clitidas a-t-il veu cela ?

CLITIDAS

Oüy, Madame, mais du rivage.

ARISTIONE

Et pourquoy du rivage ?

CLITIDAS

Ma foy, Madame, j'ay craint quelqu'un des accidens
qui arrivent d'ordinaire dans ces confusions. Cette nuit,
j'ay songé de poisson mort et d'œufs cassez, et j'ay
appris du Seigneur Anaxarque que les œufs cassez
et le poisson mort signifient mal-encontre.

ANAXARQUE

Je remarque une chose, que Clitidas n'auroit rien
à dire s'il ne parloit de moy.

CLITIDAS

C'est qu'il y a tant de choses à dire de vous qu'on
n'en sçauroit parler assez.

ANAXARQUE

Vous pourriez prendre d'autres matières, puisque
je vous en ay prié.

CLITIDAS

Le moyen ? Ne dites-vous pas que l'Ascendant est plus fort que tout, et, s'il est écrit dans les Astres que je sois enclin à parler de vous, comment voulez vous que je résiste à ma destinée ?

ANAXARQUE

Avec tout le respect, Madame, que je vous dois, il y a une chose qui est fâcheuse dans vostre Cour, que tout le monde y prenne liberté de parler, et que le plus honneste homme y soit exposé aux railleries du premier méchant plaisant.

CLITIDAS

Je vous rends grâce de l'honneur.

ARISTIONE

Que vous estes fou, de vous chagriner de ce qu'il dit.

CLITIDAS

Avec tout le respect que je dois à Madame, il y a une chose qui m'étonne dans l'Astrologie, comment des gens, qui sçavent tous les secrets des Dieux et qui possèdent des connoissances à se mettre au dessus de tous les hommes, ayent besoin de faire leur Cour, et de demander quelque chose.

ANAXARQUE

Vous devriez gagner un peu mieux vostre argent, et donner à Madame de meilleures plaisanteries.

CLITIDAS

Ma foy, on les donne telles qu'on peut. Vous en parlez fort à vostre ayse, et le mestier de Plaisant n'est pas comme celuy d'Astrologue. Bien mentir, et bien plaisanter, sont deux choses fort différentes, et il est bien plus facile de tromper les gens que de les faire rire.

ARISTIONE

Eh! qu'est-ce donc que cela veut dire?

CLITIDAS *se parlant à luy-mesme.*

Paix, impertinent que vous estes. Ne sçavez-vous pas bien que l'Astrologie est une affaire d'Etat, et qu'il ne faut point toucher à cette corde-là? Je vous l'ay dit plusieurs fois; vous vous émancipez trop, et vous prenez de certaines libertez qui vous jouëront un mauvais tour, je vous en avertis. Vous verrez qu'un de ces jours on vous donnera du pied au cul, et qu'on vous chassera comme un faquin. Taisez-vous, si vous estes sage.

ARISTIONE

Où est ma Fille?

TIMOCLES

Madame, elle s'est écartée, et je luy ay présenté une main qu'elle a refusé d'accepter.

ARISTIONE

Princes, puisque l'amour que vous avez pour Eriphile a bien voulu se soûmettre aux loix que j'ay voulu vous imposer; puisque j'ay sçeu obtenir de vous que vous fussiez Rivaux sans devenir ennemis, et qu'avec pleine soûmission aux sentimens de ma Fille vous attendez un choix, dont je l'ay faite seule maistresse, ouvrez-moy tous deux le fond de vostre âme, et me dites sincèrement quel progrèz vous croyez, l'un et l'autre, avoir fait sur son cœur.

TIMOCLES

Madame, je ne suis point pour me flater. J'ay fait ce que j'ay pû pour toucher le cœur de la Princesse Eriphile, et je m'y suis pris, que je croy, de toutes les tendres manières dont un Amant se peut servir. Je luy ay fait des hommages soûmis de tous mes vœux; j'ay montré des assiduitez; j'ay rendu des soins chaque jour; j'ay fait chanter ma passion aux voix les plus touchantes, et l'ay fait exprimer en Vers aux plumes les plus délicates; je me suis plaint de mon martyre en des termes passionnez; j'ay fait dire à mes yeux, aussi bien qu'à ma bouche, le désespoir de mon amour; j'ay poussé à ses pieds des soûpirs languissans; j'ay mesme répandu des larmes; mais tout cela inutilement, et je n'ay point connu qu'elle ait dans l'âme aucun ressentiment de mon ardeur.

ARISTIONE

Et vous, Prince?

IPHICRATE

Pour moy, Madame, connoissant son indifférence,
et le peu de cas qu'elle fait des devoirs qu'on luy rend,
je n'ay voulu perdre auprès d'elle, ny plaintes, ny soûpirs, ny larmes. Je sçay qu'elle est toute soûmise à vos
·volontez, et que ce n'est que de vostre main seule qu'elle
voudra prendre un Epoux. Aussi n'est-ce qu'à vous que je
m'adresse pour l'obtenir, à vous plûtost qu'à elle que je
rends tous mes soins et tous mes hommages. Et plust au
Ciel, Madame, que vous eussiez pû vous résoudre à tenir
sa place, que vous eussiez voulu jouïr des conquêtes que
vous luy faites, et recevoir pour vous les vœux que vous
luy renvoyez.

ARISTIONE

Prince, le compliment est d'un Amant adroit, et
vous avez entendu dire qu'il falloit cajoler les Mères
pour obtenir les Filles; mais icy, par malheur, tout
cela devient inutile, et je me suis engagée à laisser le
choix tout entier à l'inclination de ma Fille.

IPHICRATE

Quelque pouvoir que vous luy donniez pour ce
choix, ce n'est point compliment, Madame, que ce
que je vous dy. Je ne recherche la Princesse Eriphile
que parce qu'elle est vostre sang; je la trouve charmante par tout ce qu'elle tient de vous, et c'est vous
que j'adore en elle.

ARISTIONE

Voilà qui est fort bien.

IPHICRATE

Oüy, Madame, toute la Terre voit en vous des attraits et des charmes que je...

ARISTIONE

De grâce, Prince, ostons ces charmes et ces attraits. Vous sçavez que ce sont des mots que je retranche des complimens qu'on me veut faire. Je souffre qu'on me loüe de ma sincérité, qu'on dise que je suis une bonne Princesse, que j'ay de la parole pour tout le monde, de la chaleur pour mes amis, et de l'estime pour le mérite et la vertu. Je puis taster de tout cela ; mais, pour les douceurs de charmes et d'attraits, je suis bien ayse qu'on ne m'en serve point, et, quelque vérité qui s'y pust rencontrer, on doit faire quelque scrupule d'en goûter la loüange, quand on est Mère d'une Fille comme la mienne.

IPHICRATE

Ah ! Madame, c'est vous qui voulez estre Mère malgré tout le monde. Il n'est point d'yeux qui ne s'y opposent, et, si vous le vouliez, la Princesse Eri- phile ne seroit que vostre Sœur.

ARISTIONE

Mon Dieu, Prince, je ne donne point dans tous

ces galimatias où donnent la pluspart des Femmes. Je veux estre Mère, parce que je la suis, et ce seroit en vain que je ne la voudrois pas estre. Ce titre n'a rien qui me choque, puisque de mon consentement je me suis exposée à le recevoir. C'est un foible de nostre Sexe, dont, grâce au Ciel, je suis exempte, et je ne m'embarrasse point de ces grandes disputes d'âge, sur quoy nous voyons tant de folles.

Revenons à nostre discours. Est-il possible que jusqu'icy vous n'ayez pû connoistre où panche l'inclination d'Eriphile ?

IPHICRATE

Ce sont obscuritez pour moy.

TIMOCLES

C'est pour moy un mystère impénétrable.

ARISTIONE

La pudeur peut-être l'empêche de s'expliquer à vous et à moy ; servons-nous de quelque autre pour découvrir le secret de son cœur. — Sostrate, prenez de ma part cette commission, et rendez cet office à ces Princes, de sçavoir adroitement de ma Fille vers qui des deux ses sentimens peuvent tourner.

SOSTRATE

Madame, vous avez cent personnes dans vostre Cour, sur qui vous pourriez mieux verser l'honneur d'un tel employ, et je me sens mal propre à bien exécuter ce que vous souhaitez de moy.

ARISTIONE

Vostre mérite, Sostrate, n'est point borné aux seuls emplois de la guerre. Vous avez de l'esprit, de la conduite, de l'adresse, et ma Fille fait cas de vous.

SOSTRATE

Quelqu'autre mieux que moy, Madame...

ARISTIONE

Non, non, en vain vous vous en défendez.

SOSTRATE

Puisque vous le voulez, Madame, il vous faut obéïr, mais je vous jure que, dans toute vostre Cour, vous ne pouviez choisir personne qui ne fust en estat de s'acquiter beaucoup mieux que moy d'une telle commission.

ARISTIONE

C'est trop de modestie, et vous vous acquiterez toûjours bien de toutes les choses dont on vous chargera. Découvrez doucement les sentimens d'Eriphile, et faites la ressouvenir qu'il faut se rendre de bonne heure dans le Bois de Diane.

SCÈNE III

IPHICRATE, TIMOCLES, CLITIDAS, SOSTRATE

IPHICRATE

Vous pouvez croire que je prends part à l'estime que la Princesse vous témoigne.

TIMOCLES

Vous pouvez croire que je suis ravy du choix que l'on a fait de vous.

IPHICRATE

Vous voilà en estat de servir vos amis.

TIMOCLES

Vous avez de quoy rendre de bons offices aux gens qu'il vous plaira.

IPHICRATE

Je ne vous recommande point mes intérests.

TIMOCLES

Je ne vous dis point de parler pour moy.

SOSTRATE

Seigneurs, il seroit inutile. J'aurois tort de passer les ordres de ma commission, et vous trouverez bon que je ne parle, ny pour l'un, ny pour l'autre.

IPHICRATE

Je vous laisse agir comme il vous plaira.

TIMOCLES

Vous en userez comme vous voudrez.

SCÈNE IV

IPHICRATE, TIMOCLES, CLITIDAS

IPHICRATE

— Clitidas se ressouvient bien qu'il est de mes
amis; je luy recommande toûjours de prendre mes
interests auprès de sa Maistresse contre ceux de mon
Rival.

CLITIDAS

Laissez-moy faire. Il y a bien de la comparaison de
luy à vous, et c'est un Prince bien bâty pour vous le
disputer.

IPHICRATE

Je reconnoistray ce service.

TIMOCLES

— Mon Rival fait sa Cour à Clitidas, mais Clitidas
sçait bien qu'il m'a promis d'appuyer contre luy les
prétentions de mon amour.

CLITIDAS

Assurément, et il se mocque de croire l'emporter

sur vous. Voilà, auprès de vous, un beau petit mor-
veux de Prince.

TIMOCLES

Il n'y a rien que je ne fasse pour Clitidas.

CLITIDAS

— Bellés paroles de tous côtez. — Voicy la Princesse. Prenons mon temps pour l'aborder.

SCÈNE V

ERIPHILE, CLEONICE

CLEONICE

On trouvera étrange, Madame, que vous vous soyez
ainsi écartée de tout le monde.

ERIPHILE

Ah! qu'aux personnes comme nous, qui sommes
toûjours accablées de tant de gens, un peu de solitude
est parfois agréable, et qu'après mille impertinents
entretiens, il est doux de s'entretenir avec ses pensées.
Qu'on me laisse icy promener toute seule.

CLEONICE

Ne voudriez-vous pas, Madame, voir un petit essay
de la disposition de ces gens admirables qui veulent
se donner à vous? Ce sont des personnes qui, par

leurs pas, leurs gestes et leurs mouvemens expriment
aux yeux toutes choses, et on appelle cela Pantomimes. J'ay tremblé à vous dire ce mot, et il y a des
gens dans vostre Cour qui ne me le pardonneroient pas.

ERIPHILE

Vous avez bien la mine, Cléonice, de me venir icy
régaler d'un mauvais Divertissement, car, grâce au
Ciel, vous ne manquez pas de vouloir produire indif-
féremment tout ce qui se présente à vous, et vous
avez une affabilité qui ne rejette rien. Aussi est-ce à
vous seule qu'on voit avoir recours toutes les Muses
nécessitantes ; vous estes la grande protectrice du
mérite incommodé, et tout ce qu'il y a de vertueux
indigens au Monde va débarquer chez vous.

CLEONICE

Si vous n'avez pas envie de les voir, Madame, il
ne faut que les laisser là.

ERIPHILE

Non, non, voyons-les ; faites les venir.

CLEONICE

Mais peut-estre, Madame, que leur dance sera
méchante.

ERIPHILE

Méchante ou non, il la faut voir. Ce ne seroit avec

vous que reculer la chose, et il vaut mieux en estre
quitte.

CLEONICE

Ce ne sera icy, Madame, qu'une dance ordinaire.
Une autre fois.....

ERIPHILE

Point de préambule, Cléonice. Qu'ils dancent.

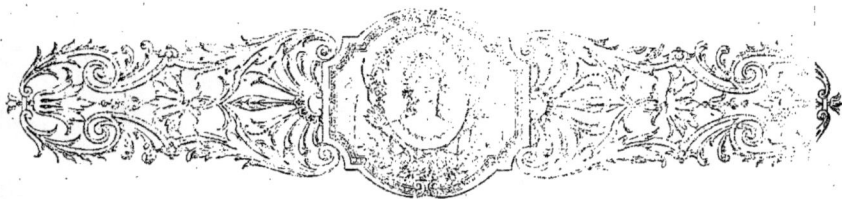

SECOND INTERMÈDE

La Confidente de la jeune Princesse luy produit trois Danceurs, sous le nom de Pantomimes, c'est à dire qui expriment par leurs gestes toutes sortes de choses. La Princesse les voit dancer, et les reçoit à son service.

ENTRÉE DE BALLET

De trois Pantomimes

XXV.

SECOND INTERMÈDE

La Confidente de la jeune Princesse luy produit trois Danceurs, sous le nom de Pantomimes, c'est à dire qui expriment par leurs gestes toutes sortes de choses. La Princesse les voit dancer, et les reçoit à son service.

ENTRÉE DE BALLET

De trois Pantomimes

XXV.   5

ERIPHILE
Allons, sortez d'icy.

ACTE II

SCÈNE PREMIÈRE

ERIPHILE, CLÉONICE, CLITIDAS

ERIPHILE

OILA qui est admirable! Je ne croy pas qu'on puisse mieux dancer qu'ils dancent, et je suis bien aise de les avoir à moy.

CLEONICE

Et moy, Madame, je suis bien aise que vous ayez veu que je n'ay pas si méchant goust que vous avez pensé.

ERIPHILE

Ne triomphez point tant; vous ne tarderez guère à me faire avoir ma revanche. Qu'on me laisse icy.

CLEONICE

Je vous avertis, Clitidas, que la Princesse veut estre seule.

CLITIDAS

Laissez-moy faire. Je suis homme qui sçais ma Cour.

SCÈNE II

ERIPHILE, CLITIDAS

CLITIDAS *fait semblant de chanter.*

La, la, la, la, ah !

ERIPHILE

Clitidas ?

CLITIDAS

Je ne vous avois pas veu là, Madame.

ERIPHILE

Approche. D'où viens-tu ?

CLITIDAS

De laisser la Princesse vostre Mère qui s'en alloit vers le Temple d'Apollon, accompagnée de beaucoup de gens.

ERIPHILE

Ne trouves-tu pas ces lieux les plus charmans du monde ?

CLITIDAS

Assurément. Les Princes vos Amans y estoient.

ERIPHILE

Le Fleuve Pénée fait icy d'agréables détours.

CLITIDAS

Fort agréables. Sostrate y estoit aussi.

ERIPHILE

D'où vient qu'il n'est pas venu à la promenade ?

CLITIDAS

Il a quelque chose dans la teste qui l'empesche de prendre plaisir à tous ces beaux régales. Il m'a voulu entretenir ; mais vous m'avez défendu si expressément de me charger d'aucune affaire auprès de vous, que je n'ay point voulu luy prester l'oreille, et je luy ay dit nettement que je n'avois pas le loisir de l'entendre.

ERIPHILE

Tu as eu tort de luy dire cela, et tu devois l'écouter.

CLITIDAS

Je luy ay dit d'abord que je n'avois pas le loisir de l'entendre, mais, après, je luy ay donné audience.

ERIPHILE

Tu as bien fait.

CLITIDAS

En verité, c'est un homme qui me revient, un
homme fait comme je veux que les hommes soyent
faits : ne prenant point des manières bruyantes et des
tons de voix assommans ; sage et posé en toutes
choses ; ne parlant jamais que bien à propos ; point
prompt à décider ; point du tout exagérateur incommode ; et, quelques beaux Vers que nos Poëtes luy
ayent récité, je ne luy ay jamais oüy dire : « Voilà
« qui est plus beau que tout ce qu'a jamais fait
« Homère ! » Enfin, c'est un homme pour qui je me
sens de l'inclination, et, si j'estois Princesse, il ne
seroit pas mal-heureux.

ERIPHILE

C'est un homme d'un grand mérite assurément.
Mais de quoy t'a-t-il parlé ?

CLITIDAS

Il m'a demandé si vous aviez témoigné grande joye
au magnifique régale que l'on vous a donné ; m'a
parlé de vostre personne avec des transports les plus
grands du Monde ; vous a mise au dessus du Ciel,
et vous a donné toutes les loüanges qu'on peut donner à la Princesse la plus accomplie de la Terre,

entremeslant tout cela de plusieurs soûpirs qui disoient plus qu'il ne vouloit. Enfin, à force de le tourner de tous côtez, et de le presser sur la cause de cette profonde mélancholie, dont toute la Cour s'apperçoit, il a été contraint de m'avoüer qu'il estoit amoureux.

ERIPHILE

Comment, amoureux! Quelle témérité· est la sienne! C'est un extravagant, que je ne verray de ma vie.

CLITIDAS

De quoy vous plaignez-vous, Madame ?

ERIPHILE

Avoir l'audace de m'aymer, et de plus avoir l'audace de le dire!

CLITIDAS

Ce n'est pas vous, Madame, dont il est amoureux.

ERIPHILE

Ce n'est pas moy ?

CLITIDAS

Non, Madame. Il vous respecte trop pour cela, et est trop sage pour y penser.

ERIPHILE

Et de qui donc, Clitidas ?

CLITIDAS

D'une de vos Filles, la jeune Arsinoé.

ERIPHILE

A-t-elle tant d'appas qu'il n'ait trouvé qu'elle digne de son amour ?

CLITIDAS

Il l'ayme éperduëment, et vous conjure d'honorer sa flâme de vostre protection.

ERIPHILE

Moy ?

CLITIDAS

Non, non, Madame; je voy que la chose ne vous plaist pas. Vostre colère m'a obligé à prendre ce détour, et, pour vous dire la vérité, c'est vous qu'il ayme éperduëment.

ERIPHILE

Vous estes un insolent de venir ainsi surprendre mes sentimens. Allons, sortez d'icy. Vous vous meslez de vouloir lire dans les âmes; de vouloir pénétrer dans les secrets du cœur d'une Princesse ! Ostez-vous de mes yeux, et que je ne vous voye jamais. — Clitidas.

CLITIDAS

Madame.

ERIPHILE

Venez icy. Je vous pardonne cette affaire-là.

CLITIDAS

Trop de bonté, Madame.

ERIPHILE

Mais à condition, prenez bien garde à ce que je
vous dy, que vous n'en ouvrirez la bouche à personne
du Monde, sur peine de la vie.

CLITIDAS

Il suffit.

ERIPHILE

Sostrate t'a donc dit qu'il m'aymoit?

CLITIDAS

Non, Madame, il faut vous dire la vérité. J'ay tiré
de son cœur, par surprise, un secret qu'il veut cacher
à tout le Monde, et avec lequel il est, dit-il, résolu de
mourir. Il a esté au désespoir du vol subtil que je
luy en ay fait; et, bien loin de me charger de vous
le découvrir, il m'a conjuré, avec toutes les instantes
prières qu'on sçauroit faire, de ne vous en rien révéler, et c'est trahison contre luy que ce que je viens de
vous dire.

ERIPHILE

Tant mieux. C'est par son seul respect qu'il peut
me plaire; et, s'il estoit si hardy que de me déclarer
son amour, il perdroit pour jamais, et ma présence,
et mon estime.

CLITIDAS

Ne craignez point, Madame...

XXV.   6

ERIPHILE

Le voicy. Souvenez-vous au moins, si vous éstes
sage, de la défense que je vous ay faite.

CLITIDAS

Cela est fait, Madame. Il ne faut pas estre Cour-
tisan indiscret.

SCÈNE III

SOSTRATE, ERIPHILE

SOSTRATE

J'ay une excuse, Madame, pour oser interrompre
vostre solitude, et j'ay reçeu de la Princesse, vostre
Mère, une commission qui authorise la hardiesse que
je prends maintenant.

ERIPHILE

Quelle commission, Sostrate ?

SOSTRATE

Celle, Madame, de tâcher d'apprendre de vous vers
lequel des deux Princes peut incliner vostre cœur.

ERIPHILE

La Princesse ma Mère montre un esprit judicieux
dans le choix qu'elle a fait de vous pour un pareil
employ. Cette commission, Sostrate, vous a été

agréable sans doute, et vous l'avez acceptée avec beaucoup de joye.

SOSTRATE

Je l'ay acceptée, Madame, par la nécessité que mon devoir m'impose d'obéïr, et, si la Princesse avoit voulu recevoir mes excuses, elle auroit honoré quelqu'autre de cet employ.

ERIPHILE

Quelle cause, Sostrate, vous obligeoit à le refuser ?

SOSTRATE

La crainte, Madame, de m'en acquiter mal.

ERIPHILE

Croyez-vous que je ne vous estime pas assez pour vous ouvrir mon cœur, et vous donner toutes les lumières que vous pourrez desirer de moy sur le sujet de ces deux Princes ?

SOSTRATE

Je ne desire rien pour moy là-dessus, Madame, et je ne vous demande que ce que vous croirez devoir donner aux ordres qui m'amènent.

ERIPHILE

Jusques-icy je me suis défenduë de m'expliquer, et la Princesse ma Mère a eu la bonté de souffrir que

j'aye reculé toûjours ce choix qui me doit engager;
mais je seray bien aisé de témoigner à tout le Monde
que je veux faire quelque chose pour l'amour de vous,
et, si vous m'en pressez, je rendray cet arrest qu'on
attend depuis si long-temps.

SOSTRATE

C'est une chose, Madame, dont vous ne serez point
importunée par moy, et je ne sçaurois me résoudre à
presser une Princesse qui sçait trop ce qu'elle a à faire.

ERIPHILE

Mais c'est ce que la Princesse ma Mère attend de
vous.

SOSTRATE

Ne luy ay-je pas dit aussi que je m'acquiterois mal
de cette commission?

ERIPHILE

O çà, Sostrate, les gens comme vous ont toûjours
les yeux pénétrans, et je pense qu'il ne doit y avoir
guères de choses qui échapent aux vostres. N'ont-ils
pû découvrir, vos yeux, ce dont tout le Monde est en
peine, et ne vous ont-ils point donné quelques petites
lumières du panchant de mon cœur? Vous voyez les
soins qu'on me rend, l'empressement qu'on me
témoigne; quel est celui de ces deux Princes que
vous croyez que je regarde d'un œil plus doux?

SOSTRATE

Les doutes que l'on forme sur ces sortes de choses ne sont réglez d'ordinaire que par les intérests qu'on prend.

ERIPHILE

Pour qui, Sostrate, pancheriez-vous des deux ? Quel est celuy, dites-moy, que vous souhaiteriez que j'épousasse ?

SOSTRATE

Ah ! Madame, ce ne seront pas mes souhaits, mais vostre inclination qui décidera de la chose.

ERIPHILE

Mais si je me conseillois à vous pour ce choix.

SOSTRATE

Si vous vous conseilliez à moy, je serois fort embarrassé.

ERIPHILE

Vous ne pourriez pas dire qui des deux vous semble plus digne de cette préférence ?

SOSTRATE

Si l'on s'en rapporte à mes yeux, il n'y aura personne qui soit digne de cet honneur. Tous les Princes du Monde seront trop peu de chose pour aspirer à vous ; les Dieux seuls y pourront prétendre, et vous ne souffrirez des hommes que l'encens, et les Sacrifices.

ERIPHILE

Cela est obligeant, et vous estes de mes amis.

Mais je veux que vous me disiez pour qui des deux vous vous sentez plus d'inclination, quel est celuy que vous mettez le plus au rang de vos amis.

SCÈNE IV

CHORÈBE, SOSTRATE, ERIPHILE

CHORÈBE

Madame, voilà la Princesse qui vient vous prendre icy, pour aller au Bois de Diane.

SOSTRATE

— Hélas! petit garçon, que tu es venu à propos!

SCÈNE V

ARISTIONE, IPHICRATE, TIMOCLES, ANAXARQUE, CLITIDAS, SOSTRATE, ERIPHILE

ARISTIONE

On vous a demandée, ma Fille, et il y a des gens que vostre absence chagrine fort.

ERIPHILE

Je pense, Madame, qu'on m'a demandée par compliment, et on ne s'inquiète pas tant qu'on vous dit.

ARISTIONE

On enchaîne pour nous icy tant de divertissemens
les uns aux autres que toutes nos heures sont rete-
nuës, et nous n'avons aucun moment à perdre, si nous
voulons les goûter tous. Entrons viste dans le Bois,
et voyons ce qui nous y attend. Ce lieu est le plus
beau du Monde; prenons viste nos places.

TROISIÈME INTERMÈDE

Le Théâtre est une Forest, où la Princesse est invitée d'aller. Une Nymphe lui en fait les honneurs en chantant, et, pour la divertir, on luy jouë une petite Comédie en Musique, dont voici le sujet : « Un Berger se plaint à deux Bergers, ses amis, des froideurs de celle qu'il ayme. Les deux amis le consolent; et, comme la Bergère aymée arrive, tous trois se retirent pour l'observer. Après quelque plainte amoureuse, elle se repose sur un gazon et s'abandonne aux douceurs du sommeil. L'Amant fait approcher ses amis pour contempler les grâces de Sa Bergère, et invite toutes choses à contribuer à son repos. La Bergère, en s'éveillant, voit son Berger à ses pieds, se plaint de sa poursuite : mais, considérant sa constance, elle lui accorde sa demande, et consent d'en estre aymée en présence des deux Bergers amis. Deux Satyres arrivant se plaignent de son changement, et, estant touchez de cette disgrâce, cherchent leur consolation dans le vin. »

LES PERSONNAGES DE LA PASTORALE

La NYMPHE de la vallée de TEMPÉ
TIRCIS, LICASTE, MENANDRE, CALISTE, deux Satyres

PROLOGUE

La NYMPHE de TEMPÉ

Venez, grande Princesse, avec tous vos appas,
Venez prester vos yeux aux innocens ébas
     Que nostre dézert vous présente;
N'y cherchez point l'éclat des Festes de la Cour;
     On ne sent ici que l'amour;
     Ce n'est que d'amour qu'on y chante.

SCÈNE PREMIÈRE

TIRCIS

     Vous chantez sous ces feüillages,
     Doux rossignols pleins d'amour,
     Et de vos tendres ramages
     Vous réveillez tour à tour
     Les échos de ces bocages.
     Hélas! petits oyseaux, hélas!
Si vous aviez mes maux, vous ne chanteriez pas.

SCÈNE II

LICASTE, MENANDRE, TIRCIS

LICASTE

Hé quoy, toûjours languissant, sombre, et triste ?

MENANDRE

Hé quoy, toûjours aux pleurs abandonné ?

TIRCIS

Toûjours adorant Caliste,
Et toûjours infortuné.

LICASTE

Domte, domte, Berger, l'ennuy qui te possède.

TIRCIS

Eh ! le moyen, hélas ?

MENANDRE

Fais, fais-toy quelque effort.

TIRCIS

Eh ! le moyen, hélas ! quand le mal est trop fort ?

LICASTE

Ce mal trouvera son remède.

TIRCIS

Je ne guériray qu'à ma mort.

LICASTE ET MENANDRE

Ah Tircis !

TIRCIS

Ah Bergers !

LICASTE ET MENANDRE

Prens sur toy plus d'empire.

TIRCIS

Rien ne me peut secourir.

LICASTE ET MENANDRE

C'est trop, c'est trop céder.

TIRCIS

C'est trop, c'est trop souffrir.

LICASTE ET MENANDRE

Quelle foiblesse !

TIRCIS

Quel martyre !

LICASTE ET MENANDRE

Il faut prendre courage.

TIRCIS

Il faut plûtost mourir.

LICASTE

Il n'est point de Bergère,
Si froide, et si sévère,

Dont la pressante ardeur
D'un cœur qui persévère
Ne vainque la froideur.

MENANDRE

Il est dans les affaires
Des amoureux mystères
Certains petits momens
Qui changent les plus fières,
Et font d'heureux Amans.

TIRCIS

Je la voy, la cruelle,
Qui porte icy ses pas.
Gardons d'estre veu d'elle :
L'ingrate, hélas !
N'y viendroit pas.

SCÈNE III

CALISTE

Ah, que sur nostre cœur
La sévère Loy de l'Honneur
Prend un cruel empire !
Je ne fais voir que rigueurs pour Tircis,
Et cependant, sensible à ses cuisans soucis,

De sa langueur en secret je soûpire,
Et voudrois bien soulager son martyre ;
C'est à vous seuls que je le dis,
Arbres ; n'allez pas le redire.

Puisque le Ciel a voulu nous former
Avec un cœur qu'Amour peut enflammer,
Quelle rigueur impitoyable
Contre des traits si doux nous force à nous armer,
Et pourquoy, sans estre blâmable
Ne peut-on pas aymer
Ce que l'on trouve aymable ?

Hélas ! que vous estes heureux,
Innocens Animaux, de vivre sans contrainte,
Et de pouvoir suivre sans crainte
Les doux emportemens de vos cœurs amoureux.
Hélas, petits oiseaux, que vous estes heureux,
De ne sentir nulle contrainte,
Et de pouvoir suivre sans crainte
Les doux emportemens de vos cœurs amoureux !

Mais le Sommeil sur ma paupière
Verse de ses pavots l'agréable fraischeur ;
Donnons-nous à luy toute entière ;
Nous n'avons point de Loy sévère
Qui défende à nos sens d'en goûter la douceur.

SCÈNE IV

CALISTE, ENDORMIE; TIRCIS, LICASTE, MENANDRE

TIRCIS

Vers ma belle ennemie
Portons sans bruit nos pas,
Et ne réveillons pas
Sa rigueur endormie.

Tous Trois

Dormez, dormez, beaux yeux, adorables vainqueurs,
Et goûtez le repos que vous ostez aux cœurs ;
Dormez, dormez, beaux yeux.

TIRCIS

Silence, petits Oyseaux ;
Vents, n'agitez nulle chose ;
Coulez doucement, ruisseaux ;
C'est Caliste qui repose.

Tous Trois

Dormez, dormez, beaux yeux, adorables vainqueurs,
Et goûtez le repos que vous ostez aux cœurs ;
Dormez, dormez, beaux yeux.

CALISTE

Ah quelle peine extrême !
Suivre par tout mes pas !

TIRCIS

Que voulez-vous qu'on suive, hélas,
Que ce qu'on ayme ?

CALISTE

Berger, que voulez-vous ?

TIRCIS

Mourir, belle Bergère,
Mourir à vos genoux,
Et finir ma misère ;
Puisqu'en vain à vos pieds on me voit soûpirer,
Il y faut expirer.

CALISTE

Ah, Tircis, ostez-vous ; j'ay peur que dans ce jour
La pitié dans mon cœur n'introduise l'amour.

LICASTE ET MENANDRE, *l'un après l'autre.*

Soit amour, soit pitié,
Il sied bien d'être tendre ;
C'est par trop vous défendre,
Bergère, il faut se rendre
A sa longue amitié ;
Soit amour, soit pitié,
Il sied bien d'être tendre.

CALISTE

C'est trop, c'est trop de rigueur;
J'ay mal-traité vostre ardeur,
Chérissant vostre personne.
Vangez-vous de mon cœur,
Tircis; je vous le donne.

TIRCIS

O Ciel! Bergers! Caliste! Ah je suis hors de moy!
Si l'on meurt de plaisir, je dois perdre la vie.

LICASTE

Digne prix de ta foy!

MENANDRE

O sort digne d'envie!

SCÈNE V

Deux SATYRES, TIRCIS, LICASTE, CALISTE

Premier SATYRE

Quoy, tu me fuis, ingrate, et je te vois icy
De ce Berger à moy faire une préférence?

Deuxième SATYRE

Quoy, mes soins n'ont rien pû sur ton indifférence,
Et pour ce langoureux ton cœur s'est adouci?
XXV.   8

CALISTE

Le Destin le veut ainsi ;
Prenez tous deux patience.

PREMIER SATYRE

Aux Amans qu'on pousse à bout
L'Amour fait verser des larmes ;
Mais ce n'est pas nostre goût,
Et la bouteille a des charmes
Qui nous consolent de tout.

DEUXIÈME SATYRE

Nostre amour n'a pas toûjours
Tout le bon-heur qu'il desire :
Mais nous avons un secours,
Et le bon vin nous fait rire,
Quand on rit de nos amours.

TOUS

Champestres Divinitez,
Faunes, Driades, sortez
De vos paisibles retraites ;
Meslez vos pas à nos sons,
Et tracez sur les herbettes
L'image de nos chansons.

PREMIÈRE ENTRÉE DE BALLET

En mesme temps six Driades et six Faunes sortent de leuṛs demeures, et font ensemble une dance agréable, qui, s'ouvrant tout d'un coup, laisse voir un Berger et une Bergère, qui font en musique une petite Scène d'un dépit amoureux.

DÉPIT AMOUREUX

CLIMÈNE, PHILINTE

PHILINTE

Quand je plaisois à tes yeux,
J'estois content de ma vie,
Et ne voyois Roy ny Dieux
Dont le sort me fit envie.

CLIMÈNE

Lors qu'à toute autre personne
Me préféroit ton ardeur,
J'aurois quitté la Couronne
Pour régner dessus ton cœur.

PHILINTE

Une autre a guéri mon âme
Des feux que j'avois pour toy;

CLIMÈNE

Un autre a vangé ma flâme
Des foiblesses de ta foy.

PHILINTE

Cloris, qu'on vante si fort,
M'aime d'une ardeur fidelle;
Si ses yeux vouloient ma mort,
Je mourrois content pour elle.

CLIMÈNE

Mirtil, si digne d'envie,
Me chérit plus que le jour,
Et moy je perdrois la vie
Pour luy montrer mon amour.

PHILINTE

Mais, si d'une douce ardeur
Quelque renaissante trace
Chassoit Cloris de mon cœur
Pour te remettre en sa place?

CLIMÈNE

Bien qu'avec pleine tendresse
Mirtil me puisse chérir,
Avec toy, je le confesse,
Je voudrois vivre et mourir.

TOUS DEUX ENSEMBLE

Ah, plus que jamais aymons-nous
Et vivons et mourons en des liens si doux.

TOUS LES ACTEURS *de la Comédie chantent :*

Amans, que vos querelles
Sont aymables et belles ;
Qu'on y voit succéder
De plaisir, de tendresse ;
Querellez-vous sans cesse,
Pour vous racommoder.

Amans, que vos querelles
Sont aimables et belles, etc.

DEUXIÈME ENTRÉE DE BALLET

Les Faunes et les Driades recommencent leur dance, que les Bergères et les Bergers Musiciens entre-meslent de leurs chansons, tandis
que trois petites Driades, et trois petits Faunes, font paroistre dans
l'enfoncement du Théâtre tout ce qui se passe sur le devant.

LES BERGERS ET BERGÈRES

Jouïssons, jouïssons des plaisirs innocens,
Dont les feux de l'Amour sçavent charmer nos sens,

Des grandeurs qui voudra se soucie ;
Tous ces honneurs, dont on a tant d'envie,
Ont des chagrins qui sont vieillissans :

Jouïssons, jouïssons des plaisirs innocens,
Dont les feux de l'Amour sçavent charmer nos sens.

     En aymant tout nous plaist dans la vie ;
    Deux cœurs unis de leur sort sont contens ;
      Cette ardeur, de plaisirs suivie,
    De tous nos jours fait d'éternels printemps :

Jouïssons, jouïssons des plaisirs innocens,
Dont les feux de l'Amour sçavent charmer nos sens.

ARISTIONE
D'où vient cela, Sostrate ?

ACTE III

SCÈNE PREMIÈRE

ARISTIONE, IPHICRATE, TIMOCLES, ANAXARQUE,
CLITIDAS, ERIPHILE, SOSTRATE, Suite

ARISTIONE

ES mesmes paroles toûjours se présentent à dire. Il faut toûjours s'écrier : « Voilà qui est admirable ; il ne se peut rien de plus beau ; cela passe tout ce qu'on a jamais veu. »

TIMOCLES

C'est donner de trop gran-
des paroles, Madame, à de petites bagatelles.

ARISTIONE

Des bagatelles comme celles-là peuvent occuper
agréablement les plus sérieuses personnes. En vérité,
ma Fille, vous estes bien obligée à ces Princes, et
vous ne sçauriez assez reconnoistre tous les soins
qu'ils prennent pour vous.

ERIPHILE

J'en ay, Madame, tout le ressentiment qu'il est
possible.

ARISTIONE

Cependant, vous les faites long-temps languir sur
ce qu'ils attendent de vous. J'ay promis de ne vous
point contraindre, mais leur amour vous presse de
vous déclarer, et de ne plus traisner en longueur la
récompense de leurs services. J'ay chargé Sostrate
d'apprendre doucement de vous les sentimens de
vostre cœur, et je ne sçay pas s'il a commencé à
s'acquiter de cette commission.

ERIPHILE

Oüy, Madame, mais il me semble que je ne puis
assez reculer ce choix dont on me presse, et que je
ne sçaurois le faire sans mériter quelque blâme. Je me
sens également obligée à l'amour, aux empressemens,
aux services de ces deux Princes, et je trouve une
espèce d'injustice bien grande à me montrer ingrate,

ou vers l'un, ou vers l'autre, par le refus qu'il m'en
faudra faire dans la préférence de son Rival.

IPHICRATE

Cela s'appelle, Madame, un fort honnesté compliment pour nous refuser tous deux.

ARISTIONE

Ce scrupule, ma Fille, ne doit point vous inquiéter,
et ces Princes tous deux se sont soûmis il y a long-
temps à la préférence que pourra faire vostre inclination.

ERIPHILE

L'inclination, Madame, est fort sujète à se tromper, et des yeux désinteressez sont beaucoup plus
capables de faire un juste choix.

ARISTIONE

Vous sçavez que je suis engagée de parole à ne
rien prononcer là-dessus ; et, parmy ces deux Princes,
vostre inclination ne peut point se tromper, et faire
un choix qui soit mauvais.

ERIPHILE

Pour ne point violenter vostre parole, ni mon scrupule, agréez, Madame, un moyen que j'ose proposer.

ARISTIONE

Quoy, ma Fille ?

XXV.   9

ERIPHILE

Que Sostrate décide de cette préférence. Vous l'avez pris pour découvrir le secret de mon cœur; souffrez que je le prenne pour me tirer de l'embarras où je me trouve.

ARISTIONE

J'estime tant Sostrate que, soit que vous vouliez vous servir de luy pour expliquer vos sentimens, ou soit que vous vous en remettiez absolument à sa conduite; je fais, dy-je, tant d'estime de sa vertu et de son jugement que je consens de tout mon cœur à la proposition que vous me faites.

IPHICRATE

C'est à dire, Madame, qu'il nous faut faire nostre Cour à Sostrate?

SOSTRATE

Non, Seigneur, vous n'aurez point de Cour à me faire, et, avec tout le respect que je dois aux Princesses, je renonce à la gloire où elles veulent m'élever.

ARISTIONE

D'où vient cela, Sostrate?

SOSTRATE

J'ay des raisons, Madame, qui ne permettent pas que je reçoive l'honneur que vous me présentez.

IPHICRATE

Craignez-vous, Sostrate, de vous faire un ennemy ?

SOSTRATE

Je craindrois peu, Seigneur, les ennemis que je
pourrois me faire en obéïssant à mes Souveraines.

TIMOCLES

Par quelle raison donc, refusez-vous d'accepter le
pouvoir qu'on vous donne, et de vous acquérir
l'amitié d'un Prince qui vous devroit tout son bonheur ?

SOSTRATE

Par la raison que je ne suis pas en estat d'accorder
à ce Prince ce qu'il souhaiteroit de moy.

IPHICRATE

Quelle pourroit estre cette raison ?

SOSTRATE

Pourquoy me tant presser là-dessus ? Peut-estre
ay-je, Seigneur, quelque intérest secret qui s'oppose
aux prétentions de vostre amour. Peut-estre ay-je un
amy qui brûle, sans oser le dire, d'une flâme respec-
tueuse pour les charmes divins dont vous estes épris.
Peut-estre cet amy me fait-il tous les jours confidence
de son martyre ; qu'il se plaint à moy tous les jours
des rigueurs de sa destinée, et regarde l'Hymen de la

Princesse ainsi que l'Arrest redoutable qui le doit pous-
ser au tombeau; et, si cela estoit, Seigneur, seroit-il
raisonnable que ce fûst de ma main qu'il reçeust le
coup de sa mort?

IPHICRATE

Vous auriez bien la mine, Sostrate, d'estre vous-
mesme cet amy, dont vous prenez les intérêts.

SOSTRATE

Ne cherchez point, de grâce, à me rendre odieux
aux personnes qui vous écoutent. Je sçay me connoistre, Seigneur, et les malheureux comme moy
n'ignorent pas jusques où leur fortune leur permet
d'aspirer.

ARISTIONE

Laissons cela. Nous trouverons moyen de terminer
l'irrésolution de ma Fille.

ANAXARQUE

En est-il un meilleur, Madame, pour terminer les
choses au contentement de tout le monde, que les
lumières que le Ciel peut donner sur ce mariage?
J'ay commencé, comme je vous ay dit, à jetter pour
cela les figures mystérieuses que nostre art nous
enseigne, et j'espère vous faire voir tantôt ce que
l'avenir garde à cette union souhaitée. Après cela
pourra-t-on balancer encore? La gloire et les pros-

péritez que le Ciel promettra, ou à l'un ou à l'autre choix, ne seront-elles pas suffisantes pour le déterminer, et celuy qui sera exclus pourra-t-il s'offenser, quand ce sera le Ciel qui décidera cette préférence ?

IPHICRATE

Pour moy, je m'y soûmets entierement, et je déclare que cette voye me semble la plus raisonnable.

TIMOCLES

Je suis de mesme avis, et le Ciel ne sçauroit rien faire où je ne souscrive sans répugnance.

ERIPHILE

Mais, Seigneur Anaxarque, voyez-vous si clair dans les destinées que vous ne vous trompiez jamais, et ces prospéritez, et cette gloire que vous dites que le Ciel nous promet, qui en sera caution, je vous prie ?

ARISTIONE

Ma Fille, vous avez une petite incrédulité qui ne vous quitte point.

ANAXARQUE

Les épreuves, Madame, que tout le Monde a veuës de l'infaillibilité de mes prédictions, sont les cautions suffisantes des promesses que je puis faire. Mais enfin, quand je vous auray fait voir ce que le Ciel vous marque, vous vous réglerez là-dessus à vostre fantaisie, et ce sera à vous à prendre la fortune de l'un, ou de l'autre choix.

ERIPHILE

Le Ciel, Anaxarque, me marquera les deux fortunes qui m'attendent ?

ANAXARQUE

Oüy, Madame, les félicitez qui vous suivront, si vous épousez l'un, et les disgrâces qui vous accompagneront, si vous épousez l'autre.

ERIPHILE

Mais, comme il est impossible que je les épouse tous deux, il faut donc qu'on trouve écrit dans le Ciel, non seulement ce qui doit arriver, mais aussi ce qui ne doit pas arriver.

CLITIDAS

Voilà mon Astrologue embarrassé.

ANAXARQUE

Il faudroit vous faire, Madame, une longue discution des principes de l'Astrologie pour vous faire comprendre cela.

CLITIDAS

Bien répondu. — Madame, je ne dis point de mal de l'Astrologie ; l'Astrologie est une belle chose, et le Seigneur Anaxarque est un grand homme.

IPHICRATE

La vérité de l'Astrologie est une chose incontestable, et il n'y a personne qui puisse disputer contre la certitude de ses prédictions.

CLITIDAS

Assurément.

TIMOCLES

Je suis assez incrédule pour quantité de choses, mais, pour ce qui est de l'Astrologie, il n'y a rien de plus seur et de plus constant que le succès des Horoscopes qu'elle tire.

CLITIDAS

Ce sont des choses les plus claires du Monde.

IPHICRATE

Cent avantures prédites arrivent tous les jours, qui convainquent les plus opiniâtres.

CLITIDAS

Il est vray.

TIMOCLES

Peut-on contester sur cette matière les incidens célèbres, dont les Histoires nous font foy ?

CLITIDAS

Il faut n'avoir pas le sens commun. Le moyen de contester ce qui est moulé ?

ARISTIONE

Sostrate n'en dit mot. Quel est son sentiment
là-dessus ?

SOSTRATE

Madame, tous les esprits ne sont pas nez avec les
qualitez qu'il faut pour la délicatesse de ces belles
Sciences, qu'on nomme curieuses, et il y en a de si
matériels qu'ils ne peuvent aucunement comprendre
ce que d'autres conçoivent le plus facilement du
Monde. Il n'est rien de plus agréable, Madame, que
toutes les grandes promesses de ces connoissances
sublimes. Transformer tout en or, faire vivre éternel-
lement, guérir par des paroles, se faire aymer de qui
l'on veut, sçavoir tous les secrets de l'avenir, faire
descendre, comme on veut, du Ciel sur des métaux
des impressions de bonheur, commander aux Démons,
se faire des Armées invisibles et des Soldats invulné-
rables. Tout cela est charmant, sans doute, et il y a
des gens qui n'ont aucune peine à en comprendre la
possibilité ; cela leur est le plus aisé du monde à concevoir. Mais, pour moy, je vous avouë que mon
esprit grossier a quelque peine à le comprendre et à
le croire, et j'ay toûjours trouvé cela trop beau pour
estre véritable. Toutes ces belles raisons de sympathie,
de force magnétique, et de vertu occulte, sont si sub-
tiles et délicates qu'elles échapent à mon sens maté-

riel, et, sans parler du reste, jamais il n'a été en ma
puissance de concevoir comme on trouve écrit dans
le Ciel jusqu'aux plus petites particularitez de la fortune du moindre homme. Quel rapport, quel commerce, quelle correspondance peut-il y avoir entre
nous et des Globes, éloignez de nostre Terre d'une
distance si effroyable, et d'où cette belle Science,
enfin, peut estre venuë aux Hommes ? Quel Dieu
l'a revelée, ou quelle expérience l'a pû former de
l'observation de ce grand nombre d'Astres, qu'on n'a
pû voir encore deux fois dans la mesme disposition ?

ANAXARQUE

Il ne sera pas difficile de vous le faire concevoir.

SOSTRATE

Vous serez plus habile que tous les autres.

CLITIDAS

Il vous fera une discution de tout cela quand vous
voudrez.

IPHICRATE

Si vous ne comprenez pas les choses, au moins les
pouvez-vous croire sur ce que l'on voit tous les jours.

SOSTRATE

Comme mon sens est si grossier qu'il n'a pû rien
comprendre, mes yeux aussi sont si malheureux qu'ils
n'ont jamais rien veu.

XXV   10

IPHICRATE

. Pour moy, j'ay veu, et des choses tout à fait convainquantes.

TIMOCLES

Et moy aussi.

SOSTRATE

Comme vous avez veu, vous faites bien de croire, et il faut que vos yeux soient faits autrement que les miens.

IPHICRATE

Mais enfin, la Princesse croit à l'Astrologie, et il me semble qu'on y peut bien croire après elle. Est-ce que Madame, Sostrate, n'a pas de l'esprit et du sens ?

SOSTRATE

Seigneur, la question est un peu violente. L'esprit de la Princesse n'est pas une règle pour le mien, et son intelligence peut l'élever à des lumières où mon sens ne peut pas atteindre.

ARISTIONE

Non, Sostrate, je ne vous diray rien sur quantité de choses, auxquelles je ne donne guères plus de créance que vous. Mais, pour l'Astrologie, on m'a dit et fait voir des choses si positives que je ne la puis mettre en doute.

SOSTRATE

Madame, je n'ay rien à répondre à cela.

ARISTIONE

Quittons ce discours, et qu'on nous laisse un
moment. — Dressons nostre promenade, ma Fille,
vers cette belle Grotte, où j'ay promis d'aller. Des
galanteries à chaque pas !

ARISTIONE
qu'on nous laisse un moment

QUATRIÈME INTERMÈDE

Le Théâtre represente une Grotte, où les Princesses vont se promener, et, dans le temps qu'elles y entrent, huit Statuës, portant chacune deux flambeaux à leurs mains, sortent de leurs Niches, et font une
Dance, variée de plusieurs figures et de plusieurs belles attitudes, où
elles demeurent par intervalles.

ENTRÉE DE BALLET

De huit Statuës.

ACTE IV

SCÈNE PREMIÈRE

ARISTIONE, ERIPHILE

ARISTIONE

DE qui que cela soit, on ne peut rien de plus galand et de mieux entendu. — Ma Fille, j'ay voulu me séparer de tout le monde pour vous entretenir, et je veux que vous ne me cachiez rien de la vérité. N'auriez-vous point dans l'âme quelque inclination secrète que vous ne voulez pas nous dire ?

ERIPHILE

Moy, Madame ?

ARISTIONE

Parlez à cœur ouvert, ma Fille. Ce que j'ay fait
pour vous mérite bien que vous usiez avec moy de
franchise. Tourner vers vous toutes mes pensées, vous
préférer à toutes choses, et fermer l'oreille, en l'Estat
où je suis, à toutes les propositions que cent Princesses en ma place écouteroient avec bienséance, tout
cela vous doit assez persuader que je suis une bonne
Mère, et que je ne suis pas pour recevoir avec sévérité
les ouvertures que vous pourriez me faire de vostre
cœur.

ERIPHILE

Si j'avois si mal suivy vostre exemple que de
m'estre laissée aller à quelques sentimens d'inclination
que j'eusse raison de cacher, j'aurois, Madame, assez
de pouvoir sur moy-mesme pour imposer silence à
cette passion, et me mettre en estat de ne rien faire
voir qui fust indigne de vostre sang.

ARISTIONE

Non, non, ma Fille, vous pouvez sans scrupule
m'ouvrir vos sentimens. Je n'ay point renfermé vostre
inclination dans le choix de deux Princes ; vous pouvez l'étendre où vous voudrez, et le mérite auprès de
moy tient un rang si considérable que je l'égale à

tout, et, si vous m'avoüez franchement les choses,
vous me verrez souscrire sans répugnance au choix
qu'aura fait vostre cœur.

ERIPHILE

Vous avez des bontez pour moy, Madame, dont je
ne puis assez me loüer; mais je ne les mettray point
à l'épreuve sur le sujet dont vous me parlez, et tout ce
que je leur demande, c'est de ne point presser un
mariage où je ne me sens pas encore bien résoluë.

ARISTIONE

Jusqu'icy je vous ay laissée assez maistresse de tout,
et l'impatience des Princes vos Amans... Mais quel
bruit est-ce que j'entends? Ah! ma Fille, quel spectacle
s'offre à nos yeux! Quelque Divinité descend icy, et
c'est la Déesse Venus qui semble nous vouloir parler.

SCÈNE II

VENUS

accompagnée de quatre petits Amours dans une machine,

ARISTIONE, ERIPHILE

VENUS

Princesse, dans tes soins brille un zèle exemplaire,
Qui par les Immortels doit estre couronné,

XXV.   11

Et, pour te voir un Gendre illustre et fortuné,
Leur main te veut marquer le choix que tu dois faire.
        Ils t'annoncent tous par ma voix
La gloire et les grandeurs, que, par ce digne choix,
Ils feront pour jamais entrer dans ta Famille.
De tes difficultez termine donc le cours,
            Et pense à donner ta Fille
            A qui sauvera tes jours.

ARISTIONE

Ma Fille, les Dieux imposent silence à tous nos raisonnemens. Après cela nous n'avons plus rien à faire qu'à recevoir ce qu'ils s'apprestent à nous donner, et vous venez d'entendre distinctement leur volonté. Allons dans le premier Temple les assurer de nostre obéïssance, et leur rendre grâce de leurs bontez.

SCÈNE III

ANAXARQUE, CLEON

CLEON

Voilà la Princesse qui s'en va. Ne voulez-vous pas luy parler ?

ANAXARQUE

Attendons que sa Fille soit séparée d'elle; c'est un
esprit que je redoute, et qui n'est pas de trempe à se
laisser mener, ainsi que celuy de sa Mère. Enfin, mon
Fils, comme nous venons de voir par cette ouverture,
le stratagême a réüssi; nostre Vénus a fait des merveilles, et l'admirable Ingénieur, qui s'est employé à
cet artifice, a si bien disposé tout, a coupé avec tant
d'adresse le plancher de cette Grotte, si bien caché
ses fils de fer et tous ses ressorts, si bien ajusté ses
lumières, et habillé ses personnages, qu'il y a peu de
gens qui n'y eussent été trompez. Et, comme la Princesse Aristione est fort superstitieuse, il ne faut point
douter qu'elle ne donne à pleine teste dans cette trom-
perie. Il y a long-temps, mon Fils, que je prépare
cette machine, et me voilà tantost au but de mes
prétentions.

CLEON

Mais pour lequel des deux Princes au moins dres-
sez-vous tout cet artifice ?

ANAXARQUE

Tous deux ont recherché mon assistance, et je leur
promets à tous deux la faveur de mon art; mais les
présens du Prince Iphicrate, et les promesses qu'il
m'a faites, l'emportent de beaucoup sur tout ce qu'a

pû faire l'autre. Ainsi ce sera luy qui recevra les effets
favorables de tous les ressorts que je fais joüer ; et,
comme son ambition me devra toute chose, voilà,
mon Fils, nostre fortune faite. Je vais prendre mon
temps pour affermir dans son erreur l'esprit de la
Princesse, pour la mieux prévenir encore par le rapport, que je luy feray voir adroitement, des paroles de
Vénus avec les prédictions des Figures Célestes, que
je luy dis que j'ay jettées. Va-t-en tenir la main au
reste de l'ouvrage, préparer nos six hommes à se bien
cacher dans leur barque derrière le Rocher ; à posé-
ment attendre le temps que la Princesse Aristione
vient tous les soirs se promener seule sur le rivage ; à
se jetter bien à propos sur elle, ainsi que des Cor-
saires, et donner lieu au Prince Iphicrate de luy
apporter ce secours, qui, sur les paroles du Ciel, doit
mettre entre ses mains la Princesse Eriphile. Ce
Prince est averty par moy, et, sur la foy de ma pré-
diction, il doit se tenir dans ce petit Bois qui borde le
rivage. Mais sortons de cette Grotte ; je te diray en
marchant toutes les choses qu'il faut bien observer.
— Voilà la Princesse Eriphile ; évitons sa rencontre.

SCÈNE IV

ERIPHILE, CLEONICE, SOSTRATE.

ERIPHILE

Hélas quelle est ma destinée ; et qu'ay-je fait aux
Dieux pour mériter les soins qu'ils veulent prendre
de moy !

CLEONICE

Le voicy, Madame, que j'ay trouvé, et, à vos pre-
miers ordres, il n'a pas manqué de me suivre.

ERIPHILE

Qu'il approche, Cléonice, et qu'on nous laisse seuls
un moment. — Sostrate, vous m'aymez.

SOSTRATE

Moy, Madame ?

ERIPHILE

Laissons cela, Sostrate ; je le sçay, je l'approuve, et
vous permets de me le dire. Vostre passion a paru à
mes yeux, accompagnée de tout le mérite qui me la
pouvoit rendre agréable. Si ce n'étoit le rang où le
Ciel m'a fait naistre, je puis vous dire que cette passion n'auroit pas esté malheureuse, et que cent fois
je lui ay souhaité l'appuy d'une fortune qui pust
mettre pour elle en pleine liberté les secrets senti-

mens de mon âme. Ce n'est pas, Sostrate, que le
mérite seul n'ait à mes yeux tout le prix qu'il doit
avoir, et que dans mon cœur je ne préfère les vertus
qui sont en vous, à tous les titres magnifiques dont
les autres sont revestus. Ce n'est pas mesme que la
Princesse ma Mère ne m'ait assez laissé la disposition
de mes vœux, et je ne doute point, je vous l'avouë,
que mes prières n'eussent pû tourner son consentement du costé que j'aurois voulu; mais il est des
estats, Sostrate, où il n'est pas honneste de vouloir
tout ce qu'on peut faire. Il y a des chagrins à se
mettre au dessus de toutes choses, et les bruits fâcheux
de la Renommée vous font trop acheter le plaisir que
l'on trouve à contenter son inclination. C'est à quoy,
Sostrate, je ne me serois jamais résoluë, et j'ay creu
faire assez de fuïr l'engagement dont j'estois solici-
tée. Mais enfin, les Dieux veulent prendre le soin
eux-mesmes de me donner un Epoux; et tous ces
longs délais avec lesquels j'ay reculé mon mariage, et
que les bontez de la Princesse ma Mère ont accordez
à mes desirs; ces délais, dy-je, ne me sont plus permis, et il me faut résoudre à subir cet Arrest du Ciel.
Soyez seur, Sostrate, que c'est avec toutes les répu-
gnances du monde que je m'abandonne à cet Hyménée et que, si j'avois pû estre maîtresse de moy, ou
j'aurois été à vous, ou je n'aurois été à personne.

Voilà, Sostrate, ce que j'avois à vous dire ; voilà ce
que j'ay creu devoir à vostre merite, et la consolation
que toute ma tendresse peut donner à vostre flâme.

SOSTRATE

Ah ! Madame, c'en est trop pour un malheureux.
Je ne m'estois pas préparé à mourir avec tant de
gloire, et je cesse dans ce moment de me plaindre
des Destinées. Si elles m'ont fait naistre dans un rang
beaucoup moins élevé que mes desirs, elles m'ont
fait naistre assez heureux pour attirer quelque pitié
du cœur d'une grande Princesse ; et cette pitié glo-
rieuse vaut des Sceptres et des Couronnes, vaut la
fortune des plus grands Princes de la Terre. Ouy,
Madame, dès que j'ay osé vous aimer, c'est vous,
Madame qui voulez bien que je me serve de ce mot
téméraire ; dès que j'ay, dy-je, osé vous aymer, j'ay
condamné d'abord l'orgueil de mes desirs ; je me suis
fait moy-mesme la destinée que je devois attendre. Le
coup de mon trépas, Madame, n'aura rien qui me
surprenne, puisque je m'y estois préparé ; mais vos
bontez le comblent d'un honneur que mon amour
jamais n'eust osé esperer ; et je m'en vais mourir,
après cela, le plus content et le plus glorieux de tous
les hommes. Si je puis encore souhaiter quelque
chose, ce sont deux grâces, Madame, que je prends

la hardiesse de vous demander à genoux, de vouloir souffrir ma présence jusqu'à cet heureux Hyménée, qui doit mettre fin à ma vie, et, parmy cette grande gloire et ces longues prospéritez que le Ciel promet à vostre union, de vous souvenir quelquefois de l'amoureux Sostrate... Puis-je, divine Princesse, me promettre de vous cette précieuse faveur ?

ERIPHILE

Allez, Sostrate, sortez d'icy ; ce n'est pas aymer mon repos que de me demander que je me souvienne de vous.

SOSTRATE

Ah ! Madame, si vostre repos...

ERIPHILE

Ostez-vous, vous dy-je, Sostrate ; épargnez ma foiblesse, et ne m'exposez point à plus que je n'ay résolu.

SCENE V

CLEONICE, ERIPHILE

CLEONICE

Madame, je vous voy l'esprit tout chagrin. Vous plaît-il que vos Danseurs, qui expriment si bien toutes

les passions, vous donnent maintenant quelque épreuve
de leur adresse ?

ERIPHILE

Ouy, Cléonice; qu'ils fassent tout ce qu'ils vou-
dront, pourveu qu'ils me laissent à mes pensées.

ERIPHILE
Epargnez ma faiblesse

CINQUIÈME INTERMÈDE

Quatre Pantomimes, pour épreuve de leur adresse, ajustent leurs gestes et leurs pas aux inquiétudes de la jeune Princesse Eriphile.

ENTRÉE DE BALLET

De quatre Pantomimes.

CLITIDAS
Chacun gagnait son arbre

ACTE V

SCÈNE PREMIÈRE

CLITIDAS, ERIPHILE

CLITIDAS

CLITIDAS
Nous avons veu le sanglier mort

E quel costé porter mes pas ? Où m'aviseray-je d'aller, et en quel lieu puis-je croire que je trouveray maintenant la Princesse Eriphile ? Ce n'est pas un petit avantage que d'estre le premier à porter une nouvelle. — Ah ! la voilà. — Madame, je vous annonce que le Ciel vient de vous donner l'Epoux qu'il vous destinoit.

ERIPHILE

Eh, laisse-moy, Clitidas, dans ma sombre mélancolie.

CLITIDAS

Madame, je vous demande pardon. Je pensois faire bien de vous venir dire que le Ciel vient de vous donner Sostrate pour Epoux ; mais, puisque cela vous incommode, je rengaîne ma nouvelle, et m'en retourne droit comme je suis venu.

ERIPHILE

Clitidas ; holà, Clitidas.

CLITIDAS

Je vous laisse, Madame, dans vostre sombre mélancolie.

ERIPHILE

Arreste, te dy-je, approche. Que viens-tu me dire ?

CLITIDAS

Rien, Madame. On a parfois des empressemens de venir dire aux Grands de certaines choses, dont ils ne se soucient pas, et je vous prie de m'excuser.

ERIPHILE

Que tu es cruel !

CLITIDAS

Une autre fois, j'auray la discrétion de ne vous pas venir interrompre.

ERIPHILE

Ne me tiens point dans l'inquiétude ; qu'est-ce que tu viens m'annoncer ?

CLITIDAS

C'est une bagatelle de Sostrate, Madame, que je vous diray une autre fois, quand vous ne serez point embarrassée.

ERIPHILE

Ne me fais point languir davantage, dis-je, et m'apprends cette nouvelle.

CLITIDAS

Vous la voulez savoir, Madame ?

ERIPHILE

Oüy ; dépesche. Qu'as-tu à me dire de Sostrate ?

CLITIDAS

Une avanture merveilleuse, où personne ne s'attendoit.

ERIPHILE

Dy-moy viste ce que c'est.

CLITIDAS

Cela ne troublera-t-il point, Madame, vostre sombre mélancolie ?

ERIPHILE

Ah! parle promptement.

CLITIDAS

J'ay donc à vous dire, Madame, que la Princesse vostre Mère passoit presque seule dans la Forest, par

ces petites routes qui sont si agréables, lors qu'un Sanglier hideux, — ces vilains Sangliers-là font toûjours
du désordre, et l'on devroit les bannir des Forests bien
policées — lors, dy-je, qu'un Sanglier hideux, poussé
je croy, par des Chasseurs, est venu traverser la route
où nous estions. Je devrois vous faire peut-estre, pour
orner mon récit, une description étenduë du Sanglier
dont je parle, mais vous vous en passerez, s'il vous
plaist, et je me contenteray de vous dire que c'estoit
un fort vilain animal. Il passoit son chemin, et il
estoit bon de ne luy rien dire, de ne point chercher
de noise avec luy ; mais la Princesse a voulu égayer
sa dextérité, et de son dard, qu'elle luy a lancé un peu
mal à propos, ne luy en déplaise, luy a fait au dessus
de l'oreille une assez petite blessure. Le Sanglier, mal
moriginé, s'est impertinemment détourné contre nous.
Nous étions là deux ou trois misérables, qui avons
pâli de frayeur ; chacun gagnoit son arbre, et la Princesse sans défense demeuroit exposée à la furie de la
beste, lorsque Sostrate a paru, comme si les Dieux
l'eussent envoyé.

ERIPHILE

Hé bien, Clitidas ?

CLITIDAS

Si mon récit vous ennuye, Madame, je remettray
le reste à une autre fois.

ERIPHILE

Achève promptement.

CLITIDAS

Ma foy, c'est promptement de vray que j'acheveray,
car un peu de poltronnerie m'a empesché de voir tout
le détail de ce combat; et tout ce que je puis vous
dire, c'est que, retournant sur la place, nous avons vû
le Sanglier mort, tout veautré dans son sang, et la
Princesse pleine de joye, nommant Sostrate son libé-
rateur, et l'Epoux digne et fortuné que les Dieux luy
marquoient pour vous. A ces paroles j'ay crû que j'en
avois assez entendu, et je me suis hasté de vous en
venir, avant tous, apporter la nouvelle.

ERIPHILE

Ah! Clitidas, pouvois-tu m'en donner une qui me pust
être plus agréable ?

CLITIDAS

Voilà qu'on vient vous trouver.

SCÈNE II

ARISTIONE, SOSTRATE, ERIPHILE, CLITIDAS

ARISTIONE

Je voy, ma Fille, que vous sçavez déjà tout ce que
nous pourrions vous dire. Vous voyez que les Dieux
se sont expliquez bien plutost que nous n'eussions

XXV.

13

pensé ; mon péril n'a guères tardé à nous marquer leurs volontez, et l'on connoist assez que ce sont eux qui se sont meslez de ce choix, puisque le mérite tout seul brille dans cette préférence. Aurez-vous quelque répugnance à recompenser de vostre cœur celuy à qui je dois la vie, et refuserez-vous Sostrate pour Epoux ?

ERIPHILE

Et de la main des Dieux, et de la vostre, Madame, je ne puis rien recevoir qui ne me soit fort agréable.

SOSTRATE

Ciel ! N'est-ce point ici quelque songe tout plein de gloire, dont les Dieux me veüillent flatter, et quelque réveil mal-heureux ne me replongera-t-il point dans la bassesse de ma fortune ?

SCÈNE III

CLEONICE, ARISTIONE, SOSTRATE, ERIPHILE, CLITIDAS

CLEONICE

Madame, je viens vous dire qu'Anaxarque a jusqu'icy abusé l'un et l'autre Prince par l'espérance de ce choix qu'ils poursuivent depuis long-temps, et qu'au bruit qui s'est répandu de vostre avanture, ils ont fait éclater tous deux leur ressentiment contre luy, jusques-là que, de paroles en paroles, les choses se sont échauffées, et il en a reçeu quelques blessures, dont on ne sçait pas bien ce qui arrivera. Mais les voicy.

SCÈNE IV

IPHICRATE, TIMOCLES, CLEONICE, ARISTIONE, SOSTRATE, ERIPHILE, CLITIDAS

ARISTIONE

Princes, vous agissez tous deux avec une violence bien grande, et, si Anaxarque a pû vous offencer, j'estois pour vous en faire justice moy-mesme.

IPHICRATE

Et quelle justice, Madame, auriez-vous pû nous faire de luy, si vous la faites si peu à nostre rang dans le choix que vous embrassez ?

ARISTIONE

Ne vous estes-vous pas soûmis l'un et l'autre à ce que pourroient décider, ou les ordres du Ciel, ou l'inclination de ma Fille ?

TIMOCLES

Oüy, Madame, nous nous sommes soûmis à ce qu'ils pourroient décider entre le Prince Iphicrate et moy, mais non pas à nous voir rebutez tous deux.

ARISTIONE

Et, si chacun de vous a bien pû se résoudre à souffrir une préférence, que vous arrive-t-il, à tous deux,
où vous ne soyez préparez, et que peut importer, à
l'un et à l'autre, les intérests de son Rival ?

IPHICRATE

Oüy, Madame, il importe ; c'est quelque consolation de se voir préférer un homme qui vous est égal,
et vostre aveuglement est une chose épouvantable.

ARISTIONE

Prince, je ne veux pas me broüiller avec une personne qui m'a fait tant de grâce que de me dire des
douceurs, et je vous prie, avec toute l'honnêteté qu'il
m'est possible, de donner à vostre chagrin un fonde-
ment plus raisonnable; de vous souvenir, s'il vous plaît,
que Sostrate est revestu d'un mérite qui s'est fait connoistre à toute la Grèce, et que le rang où le Ciel l'élève
aujourd'huy, va remplir toute la distance qui estoit entre
luy et vous.

IPHICRATE

Oüy, oüy, Madame, nous nous en souviendrons; mais
peut-estre aussi vous souviendrez-vous que deux Princes
outragez ne sont pas deux ennemis peu redoutables.

TIMOCLES

Peut-estre, Madame, qu'on ne goûtera pas long-
temps la joye du mépris que l'on fait de nous.

ARISTIONE

Je pardonne toutes ces menaces aux chagrins d'un amour qui se croit offencé, et nous n'en verrons pas avec moins de tranquillité la Feste des Jeux Pythiens. Allons-y de ce pas, et couronnons, par ce pompeux spectacle, cette merveilleuse journée.

SIXIÈME INTERMÈDE

qui est la solemnité des Jeux Pythiens.

Le Théâtre est une grande Salle en manière d'Amphithéâtre, ouvert d'une grande arcade dans le fond, au dessus de laquelle est une Tribune, fermée d'un rideau, et, dans l'éloignement, paroist un Autel pour le Sacrifice. Six hommes, habillez comme s'ils étoient presque nuds, portant chacun une hache sur l'épaule comme Ministres du Sacrifice, entrent par le Portique, au son des Violons, et sont suivis de deux Sacrificateurs Musiciens, d'une Prêtresse Musicienne, et leur Suite.

La Prestresse

Chantez, Peuples, chantez, en mille et mille lieux,
Du Dieu que nous servons les brillantes merveilles ;
Parcourez la Terre et les Cieux,

Vous ne sçauriez chanter rien de plus précieux,
    Rien de plus doux pour les oreilles.

UNE GRECQUE

A ce Dieu plein de force, à ce Dieu plein d'appas,
    Il n'est rien qui résiste ;

AUTRE GRECQUE

    Il n'est rien icy bas
Qui par ses bien-faits ne subsiste ;

AUTRE GRECQUE

    Toute la Terre est triste,
    Quand on ne le voit pas.

LE CHŒUR

Poussons à sa mémoire
Des concerts si touchans
Que, du haut de sa gloire,
Il écoute nos chants.

PREMIÈRE ENTRÉE DE BALLET

Les six hommes portant les haches font entre eux une dance, ornée de toutes les attitudes que peuvent exprimer des gens qui étudient leur force ; puis ils se retirent aux deux côtez du Théâtre pour faire place à six Voltigeurs.

DEUXIÈME ENTRÉE DE BALLET

Six Voltigeurs font paroistre en cadence leur adresse sur des chevaux de bois, qui sont apportez par des Esclaves.

TROISIÈME ENTRÉE DE BALLET

Quatre Conducteurs d'Esclaves amènent en cadence douze Esclaves, qui dansent, en marquant la joye qu'ils ont d'avoir recouvré leur liberté.

QUATRIÈME ENTRÉE DE BALLET

Quatre hommes et quatre femmes, armez à la Grecque, font ensemble une manière de jeu pour les armes.

La Tribune s'ouvre. Un Héraut, six Trompettes et un Timballier, se meslant à tous les Instrumens, annoncent avec grand bruit la venuë d'Apollon.

LE CHŒUR

Ouvrons tous nos yeux
A l'éclat suprême
Qui brille en ces lieux.
Quelle grace extrême !

XXV.   14

Quel port glorieux
Où voit-on des Dieux
Qui soient faits de mesme ?

Apollon, au bruit des Trompettes et des Violons, entre par le Portique, précédé de six jeunes gens, qui portent des Lauriers, entre-lassez autour d'un bâton, et un Soleil d'or au-dessus avec la Devise Royale, en manière de Trophée. Les six jeunes gens, pour dancer avec Apollon, donnent leur trophée à tenir aux six hommes qui portent les haches, et commencent, avec Apollon, une Dance héroïque, à laquelle se joignent en diverses manières les six hommes portant les Trophées, les quatre femmes armées, avec leurs timbres, et les quatre hommes armez, avec leurs tambours, tandis que les six Trompettes, le Timballier, les Sacrificateurs, la Prestresse et le Chœur de Musique accompagnent tout cela en s'y meslant par diverses reprises ; ce qui finit la Feste des Jeux Pythiens, et tout le Divertissement.

CINQUIÈME ET DERNIÈRE ENTRÉE DE BALLET

APOLLON, *et six jeunes gens de sa Suite.*

Chœur de Musique.

Pour le ROY
REPRÉSENTANT LE SOLEIL

Je suis la source des clartez,
Et les Astres les plus vantez,
Dont le beau Cercle m'environne,
Ne sont brillans et respectez
Que par l'éclat que je leur donne.

Du Char, où je me puis asseoir,
Je voy le desir de me voir
Posséder la Nature entière,
Et le Monde n'a son espoir
Qu'aux seuls bienfaits de ma lumière.

Bienheureuses de toutes parts,
Et pleines d'exquises richesses,
Les Terres, où de mes regards
J'arreste les douces caresses.

Pour Monsieur LE GRAND
Suivant d'Apollon

Bien qu'auprès du Soleil tout autre éclat s'efface,
S'en éloigner pourtant n'est pas ce que l'on veut,
Et vous voyez bien, quoy qu'il fasse,
Que l'on s'en tient toûjours le plus près que l'on peut.

Pour le Marquis de VILLEROI
Suivant d'Apollon

De nostre Maistre incomparable
Vous me voyez inséparable.
Et le zèle puissant, qui m'attache à ses vœux,
Le suit parmy les eaux, le suit parmy les feux.

Pour le Marquis de RASSENT

Suivant d'Apollon

Je ne seray pas vain, quand je ne croiray pas
Qu'un autre mieux que moy suive partout ses pas.

LES AMANS MAGNIFIQUES

EXPLICATION DES PLANCHES

FAUX TITRE. — Cadre de rinceaux, sommé d'une tête de femme émergeant de deux palmes en sautoir. Au bas, une guirlande, sortant de deux têtes d'hommes barbus, coiffés de casques fantastiques ; au centre de sa pente est suspendu un médaillon rond, décoré du Soleil de Louis XIV ; derrière le médaillon, trois flèches, deux lances, deux carquois, le sceptre fleurdelysé et la main de Justice.

NOTICE. — En-tête. Bande ornementale. Au centre, dans un médaillon rond, une torche enflammée sortant d'une couronne ; celle-ci, portée sur un arc, est accompagnée d'un sceptre fleurdelysé et d'une épée en sautoir.

— Lettre C. Un enfant nu, assis, occupé à allumer les verres de couleur qui garnissent un portique de treillage, surmonté des armes de France.

— Cul-de-lampe. Une console, dont les rinceaux latéraux s'épanouissent à droite et à gauche, en une tête de femme. Sur le plateau supérieur, — d'où tombe une draperie découpée, garnie de houppes pendantes, — une corbeille de fleurs. Au-dessous, un médaillon rond, encadré d'une guirlande, serrée par un ruban, au milieu duquel une grosse fleur de lys, chargée, sur ses trois fleuronnements, des trois miroirs de l'armoirie de Molière.

GRAND TITRE. — Encadrement carré de boiseries étroites, dans le goût de l'extrême fin du XVIIe siècle. En haut, les armes de France, sommées de la couronne royale fermée. Au milieu des montants latéraux, un médaillon rond ; à droite, une femme, assise sur un escabeau et jouant du violon ; à gauche, une autre femme dansant. Au bas les deux Amants magnifiques, Iphicrate et Timoclès, habillés à la dernière mode par le grand Couturier des Ballets, adressent leurs gestes passionnés à la Princesse Eriphile. Celle-ci, assise entre les deux, sur une console comme sur un piédestal, tient la tête basse appuyée sur sa main ; elle pense à Sostrate et ne s'occupe pas plus d'eux que s'ils n'existaient pas. Derrière elle, deux Amours volants tiennent une longue draperie, élégamment déchiquetée, dont la frange est ornée de fleurs de lys. Ils sont fort irrévérencieux pour l'amour des Princes ; l'un tire une langue moqueuse, et l'autre leur fait un pied de nez.

CADRE DES PERSONNAGES. — En haut, au milieu de vols de colombes, Vénus, assise sur un coussin, dans une coquille portée sur un nuage. Comme montants latéraux, des Amours ailés ; l'un brandit son arc, un second cherche des flèches dans son carquois ; deux autres tirent leurs flèches sur la Terre ; deux libellules et deux papillons symbolisent la poursuite et les flèches de l'Amour. Dans le bas, Sostrate, à genoux devant Eriphile, dont il tient les mains qu'elle ne retire pas ; dans leurs dos, les flèches amoureuses, décochées par les deux Amours dont les arcs sont un instant dégarnis.

PREMIER INTERMÈDE. — En-tête. Un théâtre de Ballet. A droite et à gauche, deux lignes de huit Pêcheurs, vêtus de maillots étroits et de pourpoints écaillés. Derrière eux, deux roches sur lesquelles sont assis quatre Fleuves, appuyés sur leurs urnes ruisselantes et tenant de leur main droite une rame. Au fond, la mer, sur laquelle quatre jeunes Génies, nus et ailés, montés sur des dauphins. Au-dessus, sur un nuage, Éole

assis, accompagné de deux Vents, qui soufflent dans des directions oppo-
sées.

— Cul-de-lampe. Le jeune Roi debout dans un costume de Neptune
et tenant un trident, est cravaté d'un nœud très large et coiffé d'une
couronne à pointes d'où s'échappe un panache de plumes. L'ornement
du bas, qui monte pour l'encadrer, se compose de touffes de roseaux ;
au centre, une coquille accompagnée de deux Dauphins, de rames, de
tridents, de coraux et de fils de perles.

Acte I. — En-tête. Au milieu, l'Astrologue Anaxarque, dans son
beau manteau de velours noir, brodé de soleils, de croissants et d'étoiles,
se retourne, avec la colère d'un dindon offensé pour, de ses regards,
mettre en poudre Clitidas, le Bouffon, qui se donne l'air de se parler à
lui-même pour tomber sur le fourbe : « Paix, impertinent que vous
« estes ; ne sçavez-vous pas que l'Astrologie est une affaire d'Etat ? » A
gauche le groupe de ceux qui croient à l'Astrologie, Aristione et, en
arrière, les deux Princes, Iphicrate et Timoclès ; à droite le groupe des
incrédules, Sostrate et le railleur Clitidas. Comme coulisses, deux piédestaux sur lesquels, à gauche, la statue d'un Faune, assis sur un rocher et
qui va jouer d'une flûte de Pan ; à droite, la statue d'une femme nue, la
Nymphe de la Vallée de Tempé, appuyée sur une corne d'abondance,
d'où s'épanchent des feuillages et des fleurs.

— Lettre I. Clitidas, en habit de Fou, dont la pèlerine, la jupe et la
culotte ont leurs bords déchiquetés, explique au beau Sostrate, qui
s'en défend, qu'il est amoureux d'Eriphile, en lui disant : « *E. r. i. Eri* ;
p. h. i, phi ; *l. e, le* ; *Eriphile.* » — Scène I.

— Cul-de-lampe. Fond de colonnade circulaire dans le goût de la
Salle de bal dans l'un des bosquets de Versailles ; au centre un bassin
avec une statue de femme assise, tenant une corne d'abondance ; autour
de son piédestal, des cygnes dressant leurs cous pour lancer vers le ciel
des jets d'eau. Au premier plan, la princesse Eriphile, assise sur le banc
du piédestal d'une colonne, dit nonchalemment à sa suivante Cléonice,
debout devant elle : « Il est doux de s'entretenir avec ses pensées. »

SECOND INTERMÈDE. — En-tête. Bande ornementale. Au centre, dans un médaillon accompagné d'arcs, de carquois et de flèches, la tête de la princesse Eriphile.

— Cul-de-lampe. Danse des trois Pantomimes. Le plancher de leur théâtre, pour console, des rinceaux et, au milieu, un groupe d'instruments de musique pastoraux, musette, tambour de basque, trompette droite, flûtes et castagnettes.

ACTE II. — En-tête. Scène II. Eriphile, accompagnée de sa suivante Cléonice, chasse Clitidas : « Allons, sortez d'icy » ; ne vient-il pas de lui dire qu'elle aime Sostrate ; derrière un banc de marbre à dossier à demi circulaire ; fond de jardin. A droite et à gauche, deux vases de faïence peinte, comme ceux de l'entablement du « Trianon de porcelaine », sont remplis de hautes touffes de lys, peuplées de petits Génies ailés auxquels préside, assis sur un nuage, l'Amour tenant son arc. Les deux vases sont reliés par une guirlande, garnie de cœurs enfilés comme les grains d'un chapelet.

— Lettre V noire, sur laquelle les flèches de l'Amour. En avant de la lettre la princesse Eriphile assise tristement ; en arrière, Cléonice debout fait signe à Clitidas de ne point avancer. Scène I. Fond de jardin avec des arbres taillés en pomme.

— Cul-de-lampe. Médaillon ornemental. Dans le sujet qu'il encadre, Eriphile, assise sur le banc d'une colonnade, s'adresse à Sostrate debout, celui-ci coiffé d'un casque à grands panaches de plumes, vêtu d'une cuirasse richement brodée, d'un tonnelet à bandes et à franges, et chaussé de hauts brodequins : « Pour qui, Sostrate, pencheriez-vous des deux? » Scène II.

TROISIÈME INTERMÈDE. — En-tête : Tircis aux pieds de Caliste endormie. Les deux Bergers ses amis, Lycaste et Ménandre, debout derrière un arbre, sont occupés à les regarder avec intérêt. Dans l'encadrement qui supporte le bas, au centre, dans une guirlande ronde, une tête encornée de bélier; à droite et à gauche, des houlettes, un pedum, un thyrse, une musette et un tambour de basque.

— Cul-de-lampe. Danse de quatre Faunes et d'une Dryade; les Faunes marquent la mesure avec des tambours de basque et des castagnettes. Le sujet est encadré de deux branches de chêne, séparées par une tête de bélier avec sa sonnaille au cou ; ce motif central est accompagné de pedums, de houlettes, d'un tambour de basque et d'une flûte de Pan.

Acte III. — En-tête. Scène 1. Aristione demande à Sostrate, en lui disant : « D'où vient cela, Sostrate », de décider entre les deux princes lequel doit être préféré par sa fille Eriphile. Celle-ci, droite et silencieuse, est derrière sa mère et accompagnée de suivantes. Au fond, un escalier de marches conduisant à la colonnade d'un temple; en haut des marches à gauche, au sommet de leur balustrade, un piédestal avec le groupe d'une jeune fille nue, montée sur un dragon ailé. A droite et à gauche, sur un piédestal, un vase avec un oranger taillé en boule ; deux Sirènes, formant anses, font de leurs bras, dont elles joignent les mains, un cercle autour du tronc de l'oranger. Les deux arbres sont reliés en haut par un fil de métal, chargé de verres de couleurs.

— Lettre I, dans un encadrement, chargé des Signes des Planètes ; sur la lettre, une marotte et des grelots de Fou. Dans le fond, deux tablettes ; sur l'une, de grands livres ; sur l'autre, l'attirail des Nécromanciens, une éprouvette, une cornue, une tête de mort, un hibou empaillé, un mortier avec son pilon et, entre deux pots, un crapaud, qui saute gaillardement pour ne pas moisir sur la planche. Derrière la lettre, un pied à trois branches supportant un télescope ; en avant de la lettre, l'Astrologue Anaxarque, sérieusement plongé dans la lecture d'un énorme in-folio qu'il tient ouvert devant lui.

— Cul-de-lampe. Scène 1, la seule de l'Acte. Légende : « Qu'on nous « laisse un moment », est dans le dernier couplet d'Aristione qui termine l'Acte. En avant de la balustrade d'une terrasse qui domine les arbres d'un jardin, Eriphile s'éloigne en abritant sa joue avec un écran. La princesse Aristione, qui la suit, se retourne pour donner l'aumône d'un

XXV.   15

regard au groupe des cinq hommes qui les saluent humblement, d'abord les deux Princes, aussi perruqués et costumés qu'on puisse l'être, Sostrate avec son casque plus qu'empanaché, Anaxarque en robe noire d'Astrologue et enfin le Bouffon Clitidas, dont le bonnet, la pèlerine et le jupon sont garnis de grelots.

QUATRIÈME INTERMÈDE. — En-tête. Bande ornementale. Au centre, une allée de jardin et, des deux côtés, dans des niches de verdure, huit statues, qui descendront tout à l'heure de leurs piédestaux pour faire « une danse variée de plusieurs belles attitudes, où elles demeurent par « intervalles ».

— Cul-de-lampe. Deux dauphins, dont la queue s'épanouit en rinceaux, encadrent la chute d'un plan d'eau qui tombe dans une vasque. Sur le plancher du théâtre, six Danseurs, costumés en Sauvages, brandissent des torches flambantes ; au milieu de leurs deux groupes, leur chef, immobile, élève de même deux torches et, devant lui, un huitième, qui est agenouillé, tient également deux torches.

ACTE IV. — En-tête. Fond de rochers. Des deux côtés, comme coulisses, un piédestal, en forme de cône à trois pans, supporte une cassolette, d'où s'échappent des fumées de parfums. A gauche, sur un faux nuage, la machine, charpentée par Anaxarque, sur laquelle apparaît la Vénus apostée par lui et disant : « *Et pense à donner ta fille — A qui* « *sauvera les jours* » ; à droite, Aristione et Eriphile, agenouillées, expriment leur surprise.

— Lettre D. L'Astrologue Anaxarque, qui s'entend en mécanique, fait mouvoir à grand'peine le volant d'un treuil avec deux poids et une roue d'engrenage, qu'il a construit pour faire apparaître sa fausse Vénus à Aristione.

— Cul-de-lampe. Un jardin avec des portiques de treillage. Sostrate, à genoux devant Eriphile, assise sur un banc, qui lui dit : « Epargnez « ma foiblesse. » Au-dessus du cadre de cette légende, une couronne royale fermée.

Cinquième Intermède. — En-tête. Bande ornementale. Dans le médaillon du centre, un Amour ailé, assis et tenant son arc sur ses genoux.

— Cul-de-lampe. Un arc, un carquois, quatre flèches, deux torches fumantes, sortant d'une couronne de fleurs, supportent un plancher, sur lequel quatre Danseurs Pantomimes ajustent leurs gestes et leurs pas aux inquiétudes de la jeune princesse Eriphile.

Acte V. — En-tête. Scène 1. Clitidas, affolé, grimpe après un arbre pour se sauver du sanglier incivil qui le suivait et le regarde monter : « Chacun gagnoit son arbre. » Dans le fond, Aristione brandissant encore le trait impuissant avec lequel elle a essayé de blesser la bête ; à côté d'elle, un de ses suivants qui s'enfuit de terreur. A droite et à gauche une colonne cannelée ; sur le milieu de chacune, deux trophées, composés d'un crâne de cerf, d'un cor, d'un cornet, de carquois, d'arc et de flèches.

— Lettre D. Sostrate, en habit magnifique, remet son épée dans le fourreau ; à ses pieds, le sanglier qu'il vient de tuer. Dans le fond, Clitidas, encore tout épeuré, qui va faire à Eriphile le récit de ses frayeurs : « Nous avons veu le sanglier mort. » Encadrement de branches de chêne, cantonné de quatre têtes de sanglier.

— Cul-de-lampe. Scène III. Sujet pris du récit de Cléonice. Les deux Princes Iphicrate et Timoclès, furieux contre Anaxarque, qui ne les a pas servis selon leurs desirs et selon ses promesses, font « éclater tous « deux leur ressentiment contre luy », en le bâtonnant et en le gour- mant. Fond de jardin, avec des ifs, soigneusement taillés en deux tranches surmontées d'un cône.

Sixième intermède. — En-tête. La danse des six Sauvages brandis- sant des haches. Dans le fond une colonnade demi-circulaire, devant laquelle les tribunes des Musiciens ; à gauche les instruments à archet, à droite les instruments à vent. Au milieu de cette colonnade, une porte triomphale derrière laquelle une troupe de ballerines prêtes à entrer en scène. En bas, un amas d'instruments de musique, trompettes, cornet, cor, musette, flûte, tambour de basque, triangle et flûte de Pan.

— Cul-de-lampe. Louis XIV représentant le soleil en riche costume de ballet. Il tient de la main gauche, une lyre et, de la droite, un écran rond, dont les plis figurent les rayons de l'Astre royal. Il est debout sur une console, décorée d'une fleur-de-lys sur champ d'or.

Achevé d'imprimer a Évreux

Par Charles Hérissey

Le trente Aout Mil huit cent quatre-vingt-quatorze

Pour le compte d'Émile Testard

Éditeur a Paris

www.ingramcontent.com/pod-product-compliance
Lightning Source LLC
Chambersburg PA
CBHW072121090426
42739CB00012B/3028